Ignace KANLINSOU

LA BIBLE N'EST PAS UN LIVRE RELIGIEUX

Ignace KANLINSOU

LA BIBLE N'EST PAS UN LIVRE RELIGIEUX

Une main blanche dans les ténèbres

Éditions Croix du Salut

Imprint
Any brand names and product names mentioned in this book are subject to trademark, brand or patent protection and are trademarks or registered trademarks of their respective holders. The use of brand names, product names, common names, trade names, product descriptions etc. even without a particular marking in this work is in no way to be construed to mean that such names may be regarded as unrestricted in respect of trademark and brand protection legislation and could thus be used by anyone.

Cover image: www.ingimage.com

Publisher:
Éditions Croix du Salut
is a trademark of
Dodo Books Indian Ocean Ltd., member of the OmniScriptum S.R.L Publishing group
str. A.Russo 15, of. 61, Chisinau-2068, Republic of Moldova Europe
Printed at: see last page
ISBN: 978-620-3-84144-2

R + S de A à Z = **R**eligions et **S**ectes de par le monde, et sans discrimination.
Question : Ces institutions se développent-elles en Eden où dans le monde ?
Réponse : C'est dans le monde, loin d'Eden.

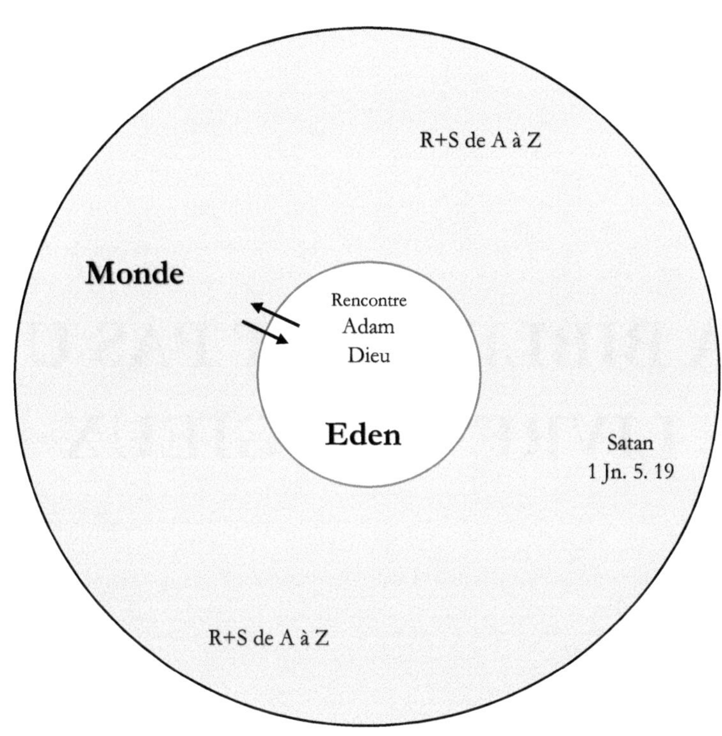

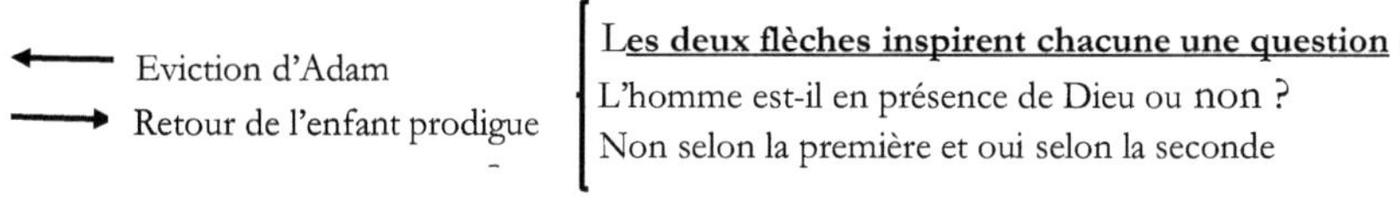

Eden = Lieu initial de rencontre entre Adam et Dieu. Cet endroit est le symbole du ciboulot, en tant que siège de la pensée. Là, tout homme a rencontre avec la pensée, qu'elle vienne de Dieu ou de Satan.

Ignace KANLINSOU

LA BIBLE N'EST PAS UN LIVRE RELIGIEUX

UNE MAIN BLANCHE DANS LES TENEBRES

Chers lecteurs !

Je vous avais annoncé ma deuxième publication sous le titre : **Quand la bataille s'enlise.** Ensemble, faisons le constat que cette publication, la deuxième en l'occurrence, ne porte pas comme promis, le titrage annoncé. Je mesure parfaitement votre embarras, lequel du reste, est légitime.

Mais en réalité, vous tenez entre vos mains une brochure qui coltine la même épreuve de pensée que celle que je vous avais réservée. Le changement de titrage est survenu à partir de suggestions de mes critiques. En effet, j'ai été convaincu de ce que le titrage annoncé semblait décalé relativement au contenu de l'œuvre, lequel culmine avec des valeurs de sublimation de la gent humaine, des valeurs jamais soupçonnées.

En tout état de cause, je vous présente mes excuses, tout en réaffirmant que ma promesse n'a souffert d'aucune négligence et que le changement de titre n'a rien enlevé à ma publication telle qu'elle était envisagée.

L'Auteur.

Déjà paru

La recherche de Dieu en butte à l'imposture des religions et sectes

Paru aux Editions Populaires Africaines (EPA/CERADE)

A paraître

- Le pardon n'existe pas
- Se marier ou sceller une alliance de colère

Résous-toi à chercher Dieu et il suffira que tu te tournes vers une religion de ton choix, que celle-ci s'appuie sur la Bible ou autres cartulaires. Toutefois, je te préviens de ce que tu ne trouveras jamais ce Dieu, quels que puissent être ta détermination et les investissements matériels et ou immatériels que tu consentirais.

Convaincs-toi par contre d'avoir à tenir le rôle d'ambassadeur de Dieu ici-bas et tourne-toi vers la Bible pour acquérir toutes les ressources nécessaires pour mener à bien ta mission. Sonde-la nuit et jour, et impose-toi librement, sans diversion aucune, mais non sans mal, de t'appliquer tout ce que tu y rencontres comme instructions, tant les interdictions que les exhortations.

Introduction

Si quelqu'un a lu une fois dans sa vie, un écrit savant, qu'il soit philosophique, théologique, ontologique, phénoménologique ou d'autres sciences humaines, ayant éclairé sur la source de la pensée, autrement dit, sur le mode de formation de la pensée, je voudrais m'en instruire. C'est un tel challenge que toutes les recherches, dans tous les âges, s'y sont cassé les dents. Les résultats d'enquêtes menées par moi-même pendant très longtemps, enquêtes qui me passionnent particulièrement, n'ont jamais donné jusqu'à présent une réponse satisfaisante à cette préoccupation. Les livraisons de mes sondés, qu'il s'agisse de personnes physiques, de livres ou de supports divers, sont à ranger en mythes, illusions et hypothèses, établissant la preuve qu'en matière d'expertise sur l'intelligence humaine, la connaissance est en roue libre. Une occlusion parfaite.

Ce débat qui enflamme ma tête en premier, ma plume en second, est un débat existentialiste et universaliste de premier plan. Il est à mille lieues des débats sectaires, dogmatiques et obtus des enclosures religieuses, des cénacles philosophiques ou autres cercles dits de réflexion. C'est donc à tort que quelqu'un entreverrait la présente œuvre sous le prisme religieux quoique le référentiel de ma rhétorique se trouve être la Bible. Et ainsi s'enclenche la dialectique du caractère non religieux de ce livre qu'il convient d'appeler plutôt le vade-mecum de la vie.

Que la conscience collective soit infestée de ce que la Bible soit un livre religieux n'est-il pas déjà la preuve que l'humanité entière se trouve en délicatesse avec son Créateur ? Oui, en effet. Ce merveilleux livre affirme en substance ceci : "*Dieu, dans les âges passés, a laissé toutes les nations suivre leurs propres voies*" *Ac. 14. 16.* A tout le moins et logiquement, ces propos exonèrent Dieu de toute responsabilité quant aux entreprises des nations visant à le rechercher. Or, la religion et la secte restent les voies par excellence qui justifieraient le rapport à Dieu des peuples. L'ancêtre du mode religieux d'entrer supposément en relation avec Dieu est l'évènement de la tour de Babel dans *Ge. 11. 1 à 8.* Là aussi se trouve le désaveu formel et cinglant de Dieu à cet égard. L'attitude qui prendra plus tard l'allure de religion, venait ainsi d'être récusée par qui de droit. Cependant, quoique dénoncé, même si ce l'était en parabole, ce moyen fut très vite remis dans le temps. Pourquoi les hommes ne continuèrent-ils pas de respecter l'admonition de l'Eternel qui leur avait pourtant parlé en direct ?

Avant ces hommes, j'observe Adam à qui l'Eternel avait aussi parlé, lui interdisant de manger de l'arbre de la connaissance du bien et du mal. Adam avait outrepassé cet ordre sous la houlette de quelqu'un. Celui-là n'est-il pas le même qui est prompt à emmener l'homme à prendre de contrepied des recommandations de Dieu ? Cela est fort probable. J'en retiens que l'homme est écartelé entre deux donneurs d'ordres, ayant seulement la faculté d'exécuter les ordres de l'un ou de s'abstenir d'exécuter ceux de l'autre. Puisque la pensée précède toujours l'acte et la parole, je déduis que les pensées de l'homme ne sont pas en son pouvoir, et que seuls Dieu et Satan en ont la prérogative. Adam ayant été renvoyé d'Eden, de la présence de Dieu, après s'être laissé abuser par Satan, n'avait plus de source de pensée que ce dernier. Je commence par comprendre pourquoi l'homme ne pouvait que faire du mal et comment, même le bien qui émane de lui ne pouvait être qu'imparfait, approximatif.

La pensée qui fondit le judaïsme, celle qui enfanta le catholicisme, celle qui engendra le vaudouisme, celle qui suscita le bouddhisme, celle qui conçut l'islamisme, pour ne citer que les grandes religions du monde, furent naturellement d'obédience satanique d'autant qu'il s'agit simplement d'une reprise des comportements que Dieu retoquait aux premiers hommes. Dans ces conditions, quelle force d'argument justifierait que la religion du peuple romain, le catholicisme en l'occurrence se fasse le chantre de la doctrine de Dieu, portée par Jésus-Christ ? Le judaïsme qui a vu naître ce Jésus-là serait frappé de quelle indignité ? Or, ce messager spécial était chargé d'aller blâmer toutes les voies supposé mener à Dieu et de nous révéler la voie royale, le fil d'Ariane qui remettrait chacun en rapport avec lui. Ce chemin, Jésus-Christ en a fait la plus éloquente des démonstrations dans la Bible. Cela, aucun autre prétendu messager de Dieu n'avait fait. Et c'est pourquoi Jésus porte le titre de Sauveur, celui qui a montré à l'humanité le moyen de résister à Satan, voire de lui échapper. Mais la religion cornaque l'homme à tenir Jésus pour un Sauveur dépositaire de complaintes, plutôt qu'un modèle à copier, pour réussir à se débarrasser du joug de Satan, comme lui qui ne s'est d'ailleurs jamais laisser mettre ce joug-là. Rien d'autre qu'un exemple parfait !

Visiblement, toute l'humanité est concernée par cette révélation. Or, tenir la Bible pour un livre religieux, revient à la circonscrire à une religion et par voie de conséquence, à une nation, la nation romaine en l'occurrence. Comment cela peut-il être exact lorsqu'au cœur de la Bible se trouve une thématique qui permettrait de détricoter le mystère qui entourait le concept de la pensée depuis que le monde a existé ? Quel est, de par le monde, l'homme qui vit sans se servir de la pensée ? En existe-t-il un ? C'est non. L'homme est le reflet de ses pensées, a même dit James ALLEN. Or, le seul livre au monde à poser et explorer exhaustivement l'énigmatique thématique de la pensée se trouve être cette Bible-là. Pour quelle prérogative particulière un tel livre serait soumis à l'embargo d'un homme, d'un clan, d'une nation ou d'une région de la terre, comme si l'usage de la pensée serait l'apanage d'entités sélectives ? Aussi, l'humanité, composée de ceux qui ont mis la Bible sous embargo et de ceux qui la rejettent pour motifs divers, vit-elle avec ce livre irremplaçable, à l'image d'un mourant par déshydratation gisant devant un récipient rempli d'eau, mais qui n'y trouve pas le moyen d'échapper à la mort. Comment a-t-il été impossible dans le temps et dans l'espace que l'imposture ait été relevée, dénoncée, combattue et éradiquée pour que place ait été faite à la vérité ? Cela pourrait participer d'un plan de Dieu, je n'en sais rien.

La Bible représente pour chaque individu ce que la sève est pour un arbre ou ce que l'eau représente pour un poisson. La renier, c'est "mourir". Ne pas la comprendre, c'est déchirer la notice de passage des épreuves de sa vie. L'explorer par procuration (religion), c'est comme introduire beaucoup de sable dans une machine initialement en très bon état de marche.

Si la religion était un bateau sur lequel j'embarque à la recherche de Dieu, je ne l'ai pas trouvé tant que le cabotage continue avec moi à bord. Logiquement, en tant que je cherche une chose, dès que mon dessein est comblé, je n'ai plus de raison de poursuivre le périple. L'encadrement à vie que nécessitent toutes expériences religieuses est synonyme d'errance à la recherche d'un Dieu hypothétique. En effet, je ne peux jurer avoir pris quelque chose à quelqu'un dont le contact n'est pas évident pour moi, même si l'outil d'appréhension ici s'appelle la foi. Le titre de chrétien par exemple, et toutes manifestations dans ma vie, apparemment attribuables à un tel Dieu relèvent sans aucun doute de l'illusion. Dès lors, mon voyage sans fin devient un leurre, si ce n'est du tourisme simplement.

Denis DIDEROT, dans son livre "La Religieuse" écrit *: « Ceux qui m'ont consolée, m'ont souvent dit de mes pensées, les uns que c'étaient autant d'instigations de Satan, et les autres, autant d'inspirations de Dieu. Le même mal vient, ou de Dieu qui nous éprouve, ou du diable qui nous tente* ». Cette citation atteste que quelques rares personnes, à travers le monde, soupçonnent les esprits d'être les seuls auteurs et émetteurs de la pensée. L'homme ne serait-il qu'un instrument à leur dévotion, un servile exécutant ? Le livre d'où cette citation est tirée n'a pas élucidé la question. La confusion entre la pensée et le mal est restée une constante de cette citation comme de l'œuvre d'où elle est tirée. Il se dégage malheureusement de la même citation que la problématique des esprits auteurs des pensées, est restée une demie connaissance, dès lors qu'elle ne s'adosse à aucun référentiel impérieux qui en conforterait l'immutabilité, en assurerait une vérité absolue, en justifierait la défense ou même en faciliterait l'apologie. Si la vie se résume à la somme de pensées exécutées ou refoulées, ces personnes vivent comme étant cornaquées, mais sans jamais savoir exactement comme elles le sont. Aussi, s'empressent-elles de tout ramener à Dieu.

Il existe une autre frange de personnes, les plus nombreuses peut-être, qui affirment comme Platon : « *La pensée est ce dialogue intérieur et silencieux de l'âme avec elle-même* ». Cette citation a la faiblesse de faire de la pensée, le résultat d'une activité humaine, l'âme étant à l'intérieur de l'homme. Cette conception de la pensée recèle une absurdité évidente se résumant en quatre préoccupations au moins. Comment, où et quand Platon a-t-il assisté à ce dialogue dont il rapporte la réalité ? Comment le contenu d'un tel dialogue se mue-t-il en une pensée, laquelle s'imposerait ensuite à l'homme ? Beaucoup d'impertinences qui renvoient cette quiddité dans les fanges philosophiques.

Joseph JOUBERT dont l'inspiration n'est pas très éloignée de celle de Platon, affirme quant à lui, dans son livre "Les Pensées" : « *Les pensées se forment dans l'âme comme les nuages se forment dans l'air* ». Ici, il n'y a aucun doute, nous sommes en présence d'un parfait déchet de langage, comme d'une pensée dont l'auteur ne peut être que Satan divertissant. C'est sur les fondements de telles absurdités que certaines espèces d'hommes se rendent maîtres de la pensée comme venant d'elles-mêmes. L'obsession forgée autour de ces sottises leur sert de refuge d'où surgissent des doctrines d'hiérarchisation de la gent humaine et des peuples. Puisque de tels hommes trouvent certaines âmes plus madrées que d'autres, dont naturellement les leurs. Ces personnes ont du mal à admettre l'existence d'entités étrangères à l'homme et susceptibles de lui dicter sa conduite. Elles aiment se faire appeler "libres penseurs". Et ce sont de tels ergotages qui font le lit à ce que dénonce Simone de BEAUVOIR dans "L'invitée" : « *Chacun expérimente sa propre conscience comme un absolu. Comment plusieurs absolus seraient-ils compatibles* ? ».

Pendant que l'un et l'autre tergiversent ainsi autour de l'origine de la pensée, sans grande marge de manœuvre et ce, depuis que le monde est établi, un livre, même s'il paraît crypté, voire cabalistique, les a néanmoins accompagnés depuis l'âge de raison jusqu'à la mort. Ce livre a accompagné tous les hommes, dans les générations, comme la notice qu'un fabricant aura déposée sur son produit, mais que le consommateur refuserait de consulter. Cette notice s'appelle la Bible, porteuse de la science de Dieu, laquelle expose dans les moindres détails, tout ce qui concerne la pensée. C'est pourquoi, je verse les positions de Platon et de Joubert dans les hypothèses, mythes et illusions que peuvent soutenir certaines sciences humaines, mais que bat en brèche la science du Souverain Créateur. Je leur réserve l'excuse de n'avoir pas découvert, pas plus que leurs contemporains ne l'ont fait, la grande science dont l'humanité ne peut revendiquer la paternité et qu'elle n'a jamais soupçonnée *1 Co. 2. 1 à 12.*

Afin de ramener cette science à sa plus simple expression par souci pédagogique, je trace un petit cercle. J'écris à l'intérieur de ce cercle le mot EDEN. Ce nom symbolise le lieu de rencontre entre Dieu et Adam et rien d'autre. Je trace un second cercle plus grand et qui renferme le petit. Ce grand cercle délimite l'espace que je baptise le monde, le séjour de l'homme et des autres créatures corporelles. Avant toute chose, je fais retenir qu'il n'existe nulle part, un jardin du nom d'Eden où l'on irait cueillir du potager et ou des agrumes. La science de Dieu exhorte à ce que chacun ramène ce jardin emblématique à son ciboulot en tant que siège de la pensée. Le ciboulot est le lieu où les esprits positionnent leurs désidératas sous forme d'ordres. Dieu aurait bien voulu être le seul donneur d'ordres en cet endroit *Es. 35. 8 à 10.* C'est là en effet, qu'il donnait ses ordres à Adam. Ces ordres qui constituent l'interface entre le donneur d'ordre et le receveur s'appellent "pensées". Quitte au receveur d'ordre d'exécuter ou de résister à exécuter.

Adam avait été renvoyé d'Eden pour s'être refusé à exécuter l'ordre de Dieu, choisissant plutôt d'exécuter celui de Satan. La flèche tournée vers l'extérieur d'Eden montre comment Adam franchit la porte de ce lieu pour se retrouver dans la cité de celui qui l'a séduit, le monde. J'entendais virtuellement Dieu dire à Adam : "*Puisque tu as choisi de lui obéir, mets-toi entièrement à sa disposition*". Ainsi, Adam perdit la posture de recevoir de nouveaux ordres de Dieu, n'étant plus en sa présence. Il en recevra désormais sans discontinuité de Satan dont il se trouve en compagnie permanente depuis son éviction. C'est dans cette position qu'Adam engendre l'humanité, dans ses générations successives jusqu'à la nôtre.

A présent, une préoccupation ! Dieu, après avoir lourdé Adam d'Eden, le suivrait-il pour s'installer avec lui dans l'espace-monde ? Une telle intelligence serait bien absurde et très difficile à justifier. Voilà l'illusion au bénéfice de laquelle l'homme voit Dieu partout et en tout, dans cet espace où la présence de Dieu n'est pas envisageable. Tant s'en faut. La complainte de l'enfant prodigue est une illustration de cette absence absolue de Dieu et d'une prétendue relation à lui, étant hors d'Eden *Lu. 15. 14 à 20*. Dans cet espace, le ravisseur est l'unique inspirateur de tous. Et c'est le moment de rappeler que celui-ci détient la faculté de dispenser de bonnes pensées apparentes et de mauvaises avérées *2 Co. 11. 13 à 15*. C'est donc à tort que les supposées bonnes pensées sont systématiquement attribuées à Dieu dans cet environnement-là, comme si la lumière et les ténèbres siégeraient ensemble.

Selon un principe bien connu en électricité, le positif attire le positif et le négatif attire le négatif. La propension de l'homme à rechercher Dieu s'explique par la présence en lui de l'esprit de Dieu *Za. 6. 12 à 13 ; Ac. 17. 29*. Cette structure spirituelle de l'homme le fouettera et le maintiendra sur le chemin de la recherche de Dieu tant que celle-ci n'aura pas été concluante. Cependant, il pourrait ne jamais trouver Dieu avant de mourir. Et c'est le sort de l'humanité entière qui s'abuse d'adorer Dieu. Même dans une démarche bien orientée, le contexte de recherche de Dieu, est en soi la preuve que l'homme n'est pas déjà en relation avec Dieu. L'aboutissement de cette recherche est synonyme de retour en Eden. Or, de toutes les voies où l'homme se trouve engagé dans l'espace-monde, étant dans cette recherche, aucune ne conduit à Eden. En cela, la parabole de l'enfant prodigue me vient encore à la rescousse. La flèche convergeant vers l'intérieur d'Eden, indique comment l'homme se retrouverait encore en présence de Dieu après avoir perdu ce destin. L'enfant prodigue sorti de la maison de son Père sans avis de qui que ce soit, y est retourné sans consulter personne. Il a simplement repris dans le sens inverse, le chemin qui l'a éloigné de son Père. Satan a séduit l'homme, l'entrainant dans sa compagnie, loin de Dieu. L'homme renoncera à cet équipage et retournera là où Satan est allé le chercher.

J'imagine que l'enfant prodigue se soit ouvert à son maître sur son intention de retourner au bercail. Que ferait un ravisseur de son otage à la suite d'une telle confidence ? Il ferait tout ce qui est en son pouvoir pour au moins le dissuader et au plus l'empêcher. L'éventualité de le tuer pour cela n'est pas à écarter. Dans tous les cas, il n'est pas pensable que, sans un couteau à la gorge, le ravisseur indique librement à son esclave, le chemin qui le ramènerait à la maison. Je peux, sur la base de ces insinuations, commencer par soupçonner de leurre, les très nombreuses facettes d'invocation de Dieu dans le monde. L'exemple du peuple juif sur le pas de sortir d'Egypte est là, édifiant. Pharaon a dû céder après maintes épreuves, les unes aussi coriaces pour lui, que les autres. Or, Satan n'est soumis à aucune pression qui l'obligerait à laisser partir le premier homme. Chacun lui échappera par la résilience et l'agilité que lui fournira la science de Dieu, si et seulement si cette science est connue, acceptée, étudiée et maîtrisée *Jé. 8. 4 à 9 ; Ro. 6. 16 à 23*.

Hormis le mode individuel de retour en Eden, toutes les foires dans cet espace-monde, où le nom de Dieu est scandé avec enthousiasme, sont autant de trames dont la seule explication possible est que Satan se charge d'orienter l'homme sur le chemin de retour en Eden. Découvrons ensemble la supercherie. Je l'avais dit supra et je le rappelle. Eden est le symbole de la carafe en tant que siège de la pensée. Retourner en Eden signifie donc revenir à soi-même, revenir dans sa propre chambre, le lieu secret, comme l'indique *Mt. 6. 6.* Il dit : "*Quand tu pries, entre dans ta chambre, ferme ta porte, et prie ton Père qui est là dans le lieu secret ;...*". Tout, dans la Bible, enseigne que c'est là, le lieu où chacun a rendez-vous avec Dieu. L'enfant prodigue a commencé à rencontrer son père en ce lieu avant de se retrouver dans ses bras *Lu. 15. 17.* Ce verset commence comme ceci : "*Etant rentré en lui-même...*". Rentrer en soi-même ne signifie pas s'adresser à autrui, qui qu'il prétend être. Tant s'en faut. C'est pourquoi je me laisse impressionner par la juxtaposition de deux versets que je cite ici : "*Ne vous y trompez pas : les mauvaises compagnies corrompent les bonnes mœurs*" et "*Revenez à vous-mêmes comme il est convenable, et ne péchez point ; car quelques-uns ne connaissent pas Dieu, je le dis à votre honte*" *1 Co. 15. 33 et 34.* Revenir en soi-même est davantage spécifié dans *2 Ti. 2. 24 à 26* : "*...et que revenus à leur bon sens, ils se dégageront des pièges du diable, qui s'est emparé d'eux pour les soumettre à sa volonté*".

Il est évident pour tous que le voisinage, la compagnie, la promiscuité ne favorisent point le retour en soi-même, cette posture étant celle idoine pour un aboutissement assuré si l'on tient à retourner dans l'intimité de Dieu. Les contextes précités sont des conditions de diversion par excellence auxquelles un ravisseur peut bien soumettre ses otages qui nourriraient l'illusion d'être sur le chemin de retour. Nul n'y arrivera. Et pour boucler et condamner la porte sur la chimère que représente la religion, il réussit à faire accroire à tous que la Bible était le référentiel de cette imposture-là. Toujours dans l'optique de la rendre méconnaissable et méprisable pour tous, il bâtit autour de la Bible mille et un absolus, tous assez puissants pour désarçonner les argumentaires les plus infrangibles destinés à ramener l'homme de son égarement. L'un d'entre ces absolus les plus ridiculement subtils est que la Bible est écrite par des hommes. Ceci, pour dire simplement qu'il ne sert à rien de s'y fier. Un autre absolu est la possibilité de faire allégeance à d'autres livres prétendus saints. Satan les a fait écrire pour distraire de l'unicité de la Bible au regard de la science qu'elle porte, science qu'aucun livre n'a portée et qu'aucun autre ne portera dans le monde.

Revisitons mon schéma à deux cercles. Et par les leçons qu'il enseigne, confondons davantage d'aventures sataniques, les formules usitées par l'humanité en guise de recherche de Dieu. L'Ecriture raconte : "*Je ne te prie pas de les ôter du monde, mais de les préserver du malin*" *Jn. 17. 15 à 17.* Ces propos indiquent d'emblée l'absence de Dieu dans l'espace-monde et forcent à retenir que seuls les hommes qui se préserveraient du malin *1 Jn. 5. 18*, ainsi que Jésus s'en est préservé à titre d'exemple, seraient ceux par qui Dieu se manifesterait dans le monde. La réponse de Jésus à Philippe dans *Jn. 14. 8 à 12* soutient cette thèse-là. Chacun de ceux-ci revenant en lui-même, trouve Dieu dans sa propre cafetière. Il n'y aura absolument plus pour lui, un autre Dieu dans l'immensité de l'espace, vers qui il s'aventurerait *Mt. 24. 23 à 26.* Imaginez par exemple l'ambassadeur du Sénégal au Bénin, se mettre à chercher le Président Macky Sall parmi la population béninoise. Il serait sûrement traité de paranoïaque. Il mériterait d'être rappelé et déchargé aussitôt, pour n'avoir pas pris la mesure de sa mission. De même, quiconque s'engagerait à emmener cet ambassadeur jusqu'au Président Macky, ici au Bénin, serait tenu pour un cinoque, puisque son altruisme serait en effet. Ainsi devrait-on percevoir tous les chercheurs de Dieu et tous ceux qui s'abusent de révéler ce Dieu par quelques moyens qu'ils soient. Ainsi, toutes les religions du monde étant des institutions d'inspiration satanique, celle qui a cru devoir s'adjuger l'épithète chrétienne, doit-elle se rendre à l'évidence qu'elle n'est point dans une dévotion à la doctrine de Jésus-Christ, tant s'en faut. Elle éloigne plutôt toute l'humanité de la sagesse de la science de Dieu, ne pouvant jamais être dépositaire de l'évangile de Jésus-Christ sur la terre.

Jésus notre exemple n'était pas venu chercher Dieu dans le monde. Mais il a vécu ici-bas comme assumant l'intérim de son Père, notre Père, qu'il savait n'être pas là. Cette vérité transparait dans les références suivantes : "*Je t'ai glorifié sur la terre, j'ai achevé l'œuvre que tu m'as donnée à faire*" *Jn. 17. 4* ; "*Quand Jésus eut pris le vinaigre, il dit : Tout est accompli. Et baissant la tête, il rendit l'esprit*" *Jn. 19. 30.* Ceci revient à dire que la présence de Dieu dans le monde le sera par procuration, sûrement à la suite d'une lettre de mission. Cette lettre de mission s'appelle la science de la pensée. Quiconque la possèdera comme Jésus, assumera l'intérim de Dieu ici-bas *2 Co. 5. 19 à 20 ; Ph. 3. 3.* Quiconque ne la possèdera pas, sera étranger à toute expérience divine dans le monde. Ce dernier, portant la Bible, sera forcément un ouvrier de Satan en mode déguisement, mais qui se bercerait de toutes les chimères chrétiennes *2. Co. 11. 13 à 15.* Au total, quiconque continue de chercher Dieu en dehors de lui-même, ou s'impose de montrer Dieu à ses semblables ici-bas, travaille forcément pour l'écurie de Satan, le divertisseur. La poutre dans l'œil de celui-là est qu'il ignore avoir plutôt à assumer l'intérim de Dieu, comme chacun de ceux à qui il raconte ses inepties.

Quiconque aspire à devenir maître dans une discipline, n'a d'intérêt que pour les ouvrages relatifs à cette discipline-là. De même, celui qui s'attache à la Bible devrait être dans la projection de devenir maître en la science de la pensée. C'est une telle vérité qui me fait tenir que tous les usages faits de la Bible dans le monde sont fardés. Il aurait mieux valu que Jésus ne soit jamais venu ici, puisque sa science n'a effleuré aucune carafe pour pouvoir prendre racine. Elle n'a jamais été soupçonnée. La Bible qui n'est pas un livre à usage par procuration, n'a rien à cirer dans une assemblée constituée. Dans de tels milieux, Satan éduque plutôt l'homme à dénaturer les pensées de Dieu (la Bible) et à élaborer des hérésies, dont il fait des absolus *Es. 55. 8 à 9.* Les tenants et aboutissants de l'entreprise vulgarisent ces absolus avec une assurance, laquelle résiste à toutes épreuves de remise en cause. Dans ces enclosures, le ravisseur endurcit l'homme dans la conviction d'être maître de la doctrine de Jésus-Christ (chrétien), lorsqu'il a fini d'enlever à celle-ci ce qui en fait la puissance *1 Ti. 1.*

3 à 7 ; 2 Ti. 3. 1 à 5. Même en proie à tous les défauts énumérés dans ses passages, les pseudos chrétiens n'interpellent jamais la Bible qui déclare pourtant qu'aucun chrétien ne saurait développer de telles tâches morales. On serait tenté d'affirmer qu'une vie inspirée par Dieu peut être semblable à une vie inspirée par Satan. Stupidité tout simplement.

Retourner en Eden ou revenir en soi-même requiert trois attitudes intégrées :

- Je me convaincs de mon assujettissement à Satan, admettant ainsi que mes pensées, jusqu'au moment où je découvre la vérité, m'avaient toujours été inspirées par lui, tant les mauvaises incontestables que les bonnes en apparence *Jn. 8. 44.*
- Cette première conviction me résout à prendre acte de l'insalubrité de ma cabèche dont le nettoyage conditionne le retour possible de Dieu, à ses pensées bienheureuses *Mt. 12. 43 à 45.* Je me préoccupe alors de rendre ma calebasse propice à recevoir à nouveau de telles pensées. *Es. 35. 8 à 10 ; Ph. 2. 12 à 13.* Autrement, je suis biberonné toute ma vie par Satan.
- Alors commence pour moi la veille sur chaque pensée qui se détache dans ma cafetière. Les soupçonnant toujours d'émanation satanique, je les confronte d'abord et toujours aux exhortations divines relativement aux commandes similaires. Cela suppose que je me rive solidement à la Bible, aux seules fins de me prémunir *2 Ti. 3. 16 à 17.* Je m'impose de connaître d'avance les pensées de Dieu pour asseoir mon tribunal personnel, en prévision des incursions de Satan *1 Co. 11. 31.*

Au total, retourner en soi-même, c'est renoncer à exécuter les pensées du diable, doublé du souci de n'exécuter que celles de Dieu. Or, toutes les pensées de Dieu sont à rechercher dans la Bible et nulle part ailleurs. On y trouve toutes pensées relativement à tous actes de la vie, depuis l'âge de raison jusqu'à la mort *Es. 55. 8 à 9.* Cette vocation de la Bible la distingue de tous autres livres avec lesquelles aucune similitude n'est possible que lorsqu'on la ramène au rang de livre religieux. Retourner en Eden, ou revenir en soi-même, c'est se forger une carapace contre Satan, en ne se précipitant à rien copier de ce qui se passe dans le monde *1 Pi. 4. 1 à 4.* En effet, derrière tout ce qui reste appréhendable par l'un et l'autre de nos organes de sens, se cache toujours Satan. Aussi, l'homme épris de la science de Dieu n'a-t-il de vigilance qu'à leur endroit, comme étant ses ennemis potentiels. Ils sont complices de la perte de tous les naïfs qui se disent être sages, rusés, intelligents, futés, malins, habiles, etc. mais tenant des défauts pour des qualités, en exécutant toute la volonté de Satan *1 Co. 3. 18 à 23.*

J'ai abondamment démontré que Dieu n'est point présent dans l'espace-monde et que sa manifestation n'y serait effective que par procuration. Or, nul ne réunit les aptitudes qui permettraient d'assumer cet intérim de Dieu *Ro. 3. 9 à 20.* Dès lors, il va sans dire que le seul acteur qui meut toute chose dans cet espace est celui qui y a jeté son dévolu *1 Jn. 5. 19*. Les pensées qui engendrent tout ce qui s'y passe et celles qu'induisent les évènements qui s'y produisent, tant en bien relatif qu'en mal avéré, toutes ces pensées lui échoient tout naturellement. Au demeurant, attribuer systématiquement à Dieu ce que l'on tient pour bonnes pensées et actes de bonne facture en apparence, relève d'une utopie qui se fertilise sur la méprise de la science de Dieu. La Bible n'enseigne-t-elle pas l'hybridisme de la Puissance du mal dans *2 Co. 11. 13 à 15* ? Je ne sais plus combien de fois j'ai déjà référé à ces versets. S'il y a des passages de la Bible qui doivent toujours rester présents à l'esprit, celui-là en est un. Sa méprise a pour conséquence rédhibitoire de la conversion à Dieu, que nul ne se laisse jamais convaincre d'être un esclave poings liés, aux mains de Satan. En effet, chacun se dit être au service de Dieu toutes les fois qu'il se surprend au cœur d'une activité apparemment bienfaisante. Or, il est écrit que personne ne sera justifié par les œuvres de la loi, ou plus simplement par les œuvres *Ga. 2. 16 ; Ep. 2. 8 à 10*. Mais, lorsque l'homme se retrouve dans la gadoue du mal, il dit être tenté par Satan. En tout état de cause, en succombant à ce qu'il appelle tentation, l'homme ne sert pas moins Satan *1 Co. 10. 13* ! Aussi, l'humanité croit-elle pouvoir servir tantôt Dieu, tantôt Satan, là où l'Ecriture réfute la dévotion à deux maîtres *Mt. 6. 24 ; 2 Ti. 2. 21*. Dans l'incapacité à cerner le fonctionnement de l'homme à cause de la méconnaissance de la science de la pensée, la gent humaine (religieux et non religieux confondus) se résout à la conclusion selon laquelle l'homme est tenu tant au bien qu'au mal, pourvu que la balance penche du côté du bien. Quelle comptabilité tient-on de ses agissements et qui permet de parler ainsi ?

Je le disais supra, les pensées de Dieu sont toutes consignées dans la Bible et sont destinées à encadrer tous les actes existentiels depuis la naissance jusqu'à la mort. Aucune omission ni aucune négligence n'est à déplorer quant à cette vocation universelle de la Bible *Jn. 3. 19*. Se familiariser avec ces pensées et s'en servir pour détricoter, récuser et balayer celles que les évènements dans l'espace-monde tiennent à nous imposer, voilà l'alchimie utilisée par Jésus-Christ à titre expérimental, pour l'usage de chacun des vivants *Mt. 4. 7 ; Lu. 9. 51 à 56*. Etre agile et bien rodé à cet exercice témoigne du retour en soi-même. C'est aussi l'attestation de la maîtrise de la science de la pensée. C'est donc à juste titre qu'Alphonse de LAMARTINE affirme que l'homme est Dieu par la pensée. Sans rejeter cette assertion, je la reprends avec la petite nuance qui voudrait que l'homme devienne plutôt Dieu par la pensée ; et qu'avant de le devenir, il y a lieu de patienter qu'il ait rompu les amarres d'avec les pensées de Satan. Avant cette mutation que seule la maîtrise de la science de la pensée confère, l'homme est plutôt Satan par la pensée *Ja. 4. 7 à 10 ; 1 Pi. 5. 9*.

Comme le blanchiment de l'argent sale au détour d'activités licites, ainsi la religion s'ennoblit de son embargo sur la Bible. La vocation basique de la religion est d'ennoyer l'humanité entière d'ignorance, quant à ce qu'il y a de fondamental dans la Bible. La science de la pensée est le sel qui donne toute sa saveur à la Parole de Dieu. En tant que puissance de la Parole de Dieu, la science de la pensée est la quintessence que la Bible avait vocation à fournir de générations en générations jusqu'à la nôtre.

« *Mon peuple est détruit parce qu'il lui manque la connaissance…* » *Os. 4. 6.* Ainsi se plaignait Dieu au sujet du peuple de Jérusalem, peuple expérimental du rapport divin à l'humanité. Cette cantilène, telle que libellée, laisse entrevoir que l'auteur est maître de cette connaissance dont il parle, et qu'en plus, il ne l'a point gardée par devers lui. Il l'a délivrée. C'est pourquoi l'on peut se demander où aller trouver cette connaissance-là. Elle existe quelque part, et cela est confirmé par un autre passage de la Bible. *Jn. 3. 19* affirme : "*La lumière étant venue dans le monde, les hommes ont préféré les ténèbres à la lumière…*". Or, Jésus revendique formellement qu'il était cette lumière entrée dans le monde *Jn. 8. 12.* Et si Jésus-Christ n'est plus dans le monde aujourd'hui, était-il retourné, emportant cette lumière qu'il incarnait ? La réponse est probablement non. Les douze Apôtres étaient les premiers dépositaires de cette lumière, de cette connaissance. En effet, d'après *Jn. 1. 1 à 5*, cette lumière n'est rien d'autre que la Parole de Dieu que ce Jésus-Christ est arrivé communiquer à l'humanité. Cette Parole de Dieu qu'une unanimité virtuelle reconnait comme étant seulement dans la Bible est cette lumière et cette connaissance dont l'obstruction est autant nocive à toutes les vies. S'occuper à sonder la Bible avec perspicacité est donc la seule attitude qui rallie cette connaissance *Jos. 1. 8 ; Jn. 5. 39 à 40.*

La connaissance n'ayant pas de frontière tout autant que la lumière, on peut se demander pourquoi la Bible n'est pas admise incontestablement par l'universalité entière comme livre-lumière et exploitée comme tel. Je rappelle que de très nombreux autres livres restent opposables à la Bible, certains lui ravissant même la vedette comme étant eux aussi des livres saints. Ainsi se déclinent les velléités d'ériger des barrières à la connaissance et au besoin de la faire disparaitre totalement. J'affirme sans ambages que derrière cette manœuvre se trouve la main de l'ennemi de Dieu, le diable, maître absolu de ce monde. En effet, il n'était pas déjà admissible que la volonté et l'autorité d'un roi étranger, fut-il Dieu, se promeuvent sans péril dans la juridiction d'un autre grand monarque, et surtout dans une perspective hostile. Satan a rendu à juste titre la Bible horripilante pour certains, liturgique pour d'autres, un livre de guerre et de chaos pour d'autres encore, et pour l'humanité entière, un livre à polémiques. Il a fait de la Bible un livre des empoignes. Chacun y trouve ses arguments de confort pour se complaire dans sa vassalité insoupçonnée à celui-ci. Une attitude contraire n'aura pas été celle d'un bon et grand stratège de lutte comme Satan.

La Bible présente, à n'en point douter, le profil parfait qui en fasse un livre apparemment contradictoire, digne d'alimenter la controverse. Mais comment aurait-elle dû autrement se présenter afin que toute méprise soit évitée ? En réalité, voici un bréviaire qui expose les deux problématiques existentielles majeures que sont le bien et le mal, évoquant pour chacune d'elle, sa genèse, ses manifestations et ses conséquences, afin que nul n'en ignore *Mt. 13. 24 à 30 ; Ap. 22. 11 à 12.* Il s'agit là d'une vocation exceptionnelle dont personne n'a vu de loin les perspectives, une vocation qu'aucun autre livre ne peut revendiquer sur la terre. Profitant de la relative inaccessibilité du Grand Livre, Satan fait le regarder comme du coq-à-l'âne, comme du contraste, un livre qui se contredit. Cela suffit à attiser la flamme d'une polémique parfaitement fanatique, socialement confligène sans raison et toujours sans issue. Cette guéguerre sert rondement la cause du roi local dont le mode de fonctionnement est toujours de troubler l'eau avant d'y pêcher.

Dans toutes les nations de la terre, chacun sait promptement attribuer le bien à Dieu et le mal à Satan. Mais comment les deux routines surviennent-elles ? Le rejet désinvolte de la connaissance n'a jamais permis d'atteindre ce seuil d'appréciation. Pourtant, le livre-lumière, le livre de la connaissance en ouvre une très large intelligence. Ce livre affirme : "*Ne savez-vous pas qu'en vous livrant à quelqu'un comme esclave pour lui obéir, vous êtes esclaves de celui à qui vous obéissez, soit du péché qui conduit à la mort, soit de l'obéissance qui conduit à la justice ?*" *Ro. 6. 16*. Sur les théâtres de démonstration du bien et du mal, nul ne rencontre Dieu, ni Satan. On y rencontre toujours que l'homme, notre semblable, génération actuelle de la descendance d'Adam déchu. Pourtant, personne dans les propos, n'impute aucune responsabilité au coupable visible, comme si l'on comprenait les dispositions de *Jé. 10. 23* qui dit : "*Je le sais, Ô Eternel ! La voie de l'homme n'est pas en son pouvoir ; ce n'est pas à l'homme, quand il marche, à diriger ses pas.*". Chacun interpelle Dieu ou Satan selon que la situation en face tient du bien ou du mal. Pendant que l'on frime ainsi avec la connaissance, on commet néanmoins une gaffe rédhibitoire à la connaissance, la véritable, celle qui libère. Cette gaffe découle de deux ignorances majeures. La Bible n'admet guère que l'humanité soit cogérée par Dieu et Satan pour qu'il soit possible de soupçonner l'un ou l'autre au détour d'une situation quelconque *Jn. 8. 23 ; 1 Jn. 5. 19.* Elle enseigne plutôt que le monde est entièrement sous les auspices de Satan et qu'il devra être débarrassé de cet asservissement pour être remis à Dieu, à un moment ou à un autre *Ap. 11. 15.* Cette double considération donne à retenir que le diable régente seul l'humanité, orchestrant le bien et le mal, là où l'on s'emploie à distinguer *2 Co. 11. 13 à 15.* Sous ce masque, Satan dirige allègrement son affaire, entretenant l'illusion qui attribue des responsabilités à Dieu là où Satan déploie sa ruse *Jé. 12. 1 à 2 ; Mt. 4. 8 à 9.*

Trouver Dieu en tout et partout est aisément soutenable dans un monde tenu par Satan d'une main de fer gantée de velours. Oui, une main de fer parce qu'il est inspirateur de tous les scandales dignes de se faire appeler mal. Une main gantée de velours parce qu'il est à la fois instigateur de toutes les situations pour lesquelles, en l'absence de la science de Dieu, quiconque glorifierait celui-ci. Le plus gros souci est que cet illusionnisme de la présence de Dieu dans le monde n'est nullement menacé de dissipation tant les pseudos serviteurs de Dieu exaltent et forcissent cette foi morte. Dans les enclosures tenant lieu de fonds de commerce plus qu'autre chose, les dandins n'ont même pas le temps de soupçonner être en milieu empesté, tellement les appellations Jésus, Dieu et Saint-Esprit bercent les carafes, en l'absence de la science de Dieu, laquelle fournit le discernement.

Si Dieu instruit l'homme dans la solitude, Satan le corrompt par l'arme de la promiscuité. J'observe qu'en Eden, Dieu s'adressait à Adam seul avant et même après la formation de son aide, Eve. Quoiqu'ils étaient déjà deux au moment de leur éviction d'Eden *Ge. 3. 12 à 14*, l'adresse de Dieu ne visait toujours qu'Adam. Cette observation donne à retenir que la relation de l'homme à Dieu est strictement personnelle, l'interface étant le ciboulot et non une agora. La présence d'une partie de Dieu dans l'homme corrobore la faculté de Dieu qui caractérise l'homme *Jn. 10. 34*. Cette partie de Dieu en l'homme, appelée esprit, établit entre lui et Dieu, une connexité naturelle *1 Th. 5. 23*. Cette relation virtuelle explique que l'homme soit constamment à la recherche de l'affirmation de sa divinité. C'est dans cette course intangible que l'homme se fait prendre au piège, en suivant les appeaux de Satan. Lui, étant une créature au même titre que l'homme, ne dispose guère de la même connexité avec l'homme. Celui-ci ne peut donc jamais chercher Satan. Alors, comment s'explique-t-il que l'homme échoue entre ses mains, étant supposément à la recherche de Dieu ? Une seule justification à cet état de chose : déficit de connaissance. En effet, Satan qui n'a pas une position avantageuse dans le challenge qu'il engage contre l'homme, met tout en œuvre pour sevrer celui-ci de la connaissance. C'est pourquoi quiconque acquerra la connaissance lui échappera irrésistiblement.

Satan ne disposant d'aucun moyen de s'attaquer à l'homme de l'intérieur, trouve plutôt à s'appuyer sur l'environnement de celui-ci pour atteindre sa caboche. C'est ce que traduit *Ge. 3. 1 à 7*. Je retiens de ce passage que la vue de l'arbre, quoique symbolique, fut le piège qui se refermera sur Eve pour ensuite encager Adam. Lui, avait pourtant le prérequis de retoquer l'offre d'Eve, lui rappelant à tout le moins l'interdiction de Dieu à ce sujet. Mais hélas ! La confiance qu'induit la promiscuité a fait l'essentiel. Eve succombant par la vue, entraîne Adam à l'être par l'ouïe. Ainsi s'explique que tous nos organes de sens constituent pour chacun, des canaux qui le perdront dans la grande cité, le monde, tant qu'il restera ignorant de la science de Dieu *Mt. 5. 27 à 3*. "J'ai vu faire, je ferai". "J'ai entendu dire, je dirai". Agir ainsi en marge de la science, c'est servir Satan sans nuance. Et pour qu'il en soit ainsi, la promiscuité des êtres et des choses et la privation de ladite science sont les armes du tentateur.

Au regard de ce qui précède, je retiens que la solitude que requiert l'assimilation de la science de Dieu est aux antipodes de la promiscuité qui reste un besoin essentiel des religions et sectes. Cette contrariété se mettant en évidence, place la religion et la secte dans le halo qui les expose comme étant des manifestations sataniques. Après quoi, j'irai tirer la confirmation de la parodie dans *Ac. 14. 16* lequel déclare : "*Dieu, dans les âges passés, a laissé toutes les nations suivre leurs propres voies*". Je vais ensuite consolider mes dénonciations par cette complainte affective de Dieu qui trahit la duperie dans *Jé. 8. 4 à 9*. Ce verset raconte : "*…Est-ce que l'on tombe sans se relever ? Ou se détourne-t-on sans revenir…*" ? Que l'homme qui prétend n'être pas tombé lève le petit doigt ! Que celui qui estime ne s'être pas détourné de Dieu vienne soutenir sa thèse ! Remontant au schéma qui m'a servi de trame dans le premier chapitre, je me demande comment tous les serviteurs de Dieu présumés justifieraient-ils leur come-back en Eden comme des enfants prodigues, lorsque l'œuvre qu'ils conduisent les confond comme étant au service de Satan. Quand je lis *Ja. 1. 26 à 27*, une question s'impose à moi. L'approche de la religion, telle que présentée dans ce passage, incite-t-elle à la promiscuité, dès lors que le veuvage et l'orphelinat invoqués dans cette définition symbolisent la solitude ?

Si la promiscuité ne semble nuire à l'assimilation d'aucune science humaine, elle est drastiquement pernicieuse, s'agissant de la science de la pensée. Comment pouvait-il en être autrement lorsque Dieu se démarque de toutes les sciences qui gouvernent le monde *Es. 55. 6 à 9* ; pendant que le monde lui-même ignore tout des pensées de Dieu ? Les deux régimes de sciences ne peuvent s'accommoder des mêmes modes d'assimilation ni de transmission *Jn. 14. 26 ; Hé. 8. 10 à 11 ; 1 Jn. 2. 26 à 27.* Je suis devenu un homme profondément révolté au sujet de la prestidigitation que subit l'humanité en ayant assisté à une expérience que menait un semeur. Pour ensemencer son champ, celui-ci met du maïs en poquets sur une superficie de ses terres. Puis, il sème grain par grain une autre partie de son champ. A fin saison, il lève une récolte extraordinaire sur l'espace semé grain à grain. Par contre, les poquets ne produisent strictement rien. Pas un seul grain. Pourtant, la terre de ladite expérimentation était d'une fertilité uniforme et alors très riche. J'expertise la science de ce semeur et conclus à ce qu'elle suffit à ramener tout homme des voies communautaires de recherche de Dieu. En effet, toute l'Ecriture, de Genèse à Apocalypse, incite l'homme à la solitude dans sa recherche de Dieu. Je choisis deux textes dont un dans l'Ancien Testament et le second dans le Nouveau, pour illustrer cette vérité indétrônable. Il s'agit de *De. 30. 11 à 14 et Ac. 17. 26 à 27.*

A l'instar de la tare dont chaque religion leste le peuple qui se la donne, le vaudouisme de mon peuple compromet toutes ses chances d'entrer un jour en contact avec la science de la pensée. Cette tradition de mon peuple tient naturellement la Bible pour une matérialité allogène et un instrument de culte de la religion catholique romaine. De cette position, mon peuple ne se préoccupera jamais d'aller fouiner sérieusement à l'intérieur de ce livre. Et cette attitude se transmettra dans toutes les générations de mon peuple comme c'est déjà le cas jusqu'à moi. Pendant ce temps, chaque sujet de mon peuple, y compris moi-même, vivons et vivrons à l'aune de la pensée, sans jamais soupçonner l'existence d'un enseignement écrit à ce sujet, lequel se trouverait dans cette Bible-là. La religion du peuple romain aura été la cause de cette carence létale. Au plan de l'invisible, c'est là la fonction occlusive de toutes les religions et sectes de par le monde, même si les tenants et aboutissants de cet activisme n'en savent rien. C'est ce que j'appelais une prestidigitation. Cette révélation, si c'en est une, n'épargne guère la religion et la secte estampillées chrétiennes. Et pour qu'aucun peuple ne décroche jamais, même après la levée d'un coin de voile sur la félonie, Satan édulcore la notion de religion et instigue à s'attacher plutôt à des terminologies de culture et tradition auxquelles il faut s'accrocher fiévreusement.

Du coup, tous les discours et programmes intellectuels ou non, ici et ailleurs, qu'ils soient politiques, économiques, artistiques, touristiques, ludiques, sociaux, relatifs aux cultures et traditions des peuples portent ce gros piège dénoncé supra. Dans ces conditions, comment un peuple peut-il se réconcilier avec Dieu sans se mettre en conflit avec ses cultures et traditions, ces fourre-tout ombrageux et mortifères ? De véritables fourre-tout dans la mesure où, considérant les langues de mon peuple par exemple, elles qui constituent un agrégat majeur de ses cultures et traditions, ne représentent guère un obstacle pour accéder à la science de la pensée. Tant s'en faut. La façon de s'habiller, de se nourrir, de se soigner, de se loger, ces autres branches des cultures et traditions d'un peuple, ne compromettent point l'acquisition de la science de la pensée.

Par contre, le mode de s'instruire des peuples, l'axe le plus chatouilleux de leurs cultures et traditions, lequel est fait partout d'un mélange d'indigénat et d'exogénat, est d'un impact particulier. Le mode de s'instruire se présente comme le moule formateur du type de sujets propres à un peuple. C'est ici que le formatage de l'homme s'opère, façonnant soit un citoyen idolâtre, soit un individu tourné vers Dieu, indépendamment du devenir social de celui-ci. C'est à cette souricière des cultures et traditions des peuples que Satan se positionne pour cueillir tous les hommes à froid. En effet, la littérature, l'artisanat, la musique, la chanson, la danse, la dévotion à des divinités, etc, forment ensemble cette composante des traditions et cultures inclinant l'instruction des peuples vers l'idolâtrie plutôt que vers la science de Dieu. D'ailleurs, elle est méconnue sur la terre entière. Une littérature magnifiant les arcanes du vaudou ; un artisanat sculptant toutes sortes de figures devant lesquelles les humains se prosternent ; des chansons, musiques et danses faisant l'apologie de l'idolâtrie ; des panégyriques sacrificiels et sacramentels aux noms de dieux muets et portables ; ainsi se déclinent l'ineptie et la stérilité des cultures et traditions de tous les peuples sur la terre sans exclusive. Et que nul ne s'abuse. Le peuple romain avec son idolâtrie enluminée au christianisme n'est pas épargné. D'ailleurs, un avertissement de Jésus aux scribes israéliens convient parfaitement à ce peuple. *Lu. 11. 52* dit : "*Malheur à vous, docteurs de la loi ! Parce que vous avez enlevé la clé de la science ; vous n'êtes pas entrés vous-mêmes, et vous avez empêché d'entrer ceux qui le voulaient*".

C'est pourquoi, quiconque abandonne les religions et traditions de son peuple, au motif de s'éloigner de l'idolâtrie, fait bien. Mais lorsqu'après, il embrasse n'importe quelle autre religion dans le monde, il retombe naïvement dans l'idolâtrie, celle d'un autre peuple et s'embourbe complètement. Il se serait tout simplement laissé abuser par des discours rappelant Dieu, Jésus, Saint-Esprit et l'usage de la Bible, laquelle porte la sainteté. Rien de tout ce qui aura ainsi participé de sa séduction n'a de lien avec la religion. Si c'était le cas, la Bible assortirait bien plus naturellement au judaïsme, lequel a vu naître Jésus-Christ et sa doctrine, plutôt qu'au catholicisme, tradition et culture du peuple romain, n'ayant aucun rapport avec l'histoire de Jésus-Christ. Ce camouflage réussi par la religion romaine fait de la Bible le miroir aux alouettes qui attire vers la religion sans susciter le moindre soupçon d'égarement. En cela, l'amalgame "religion chrétienne" constitue un véritable traquenard dressé avec soins pour prendre le maximum de nigauds. C'est pour éviter ce piège qu'avant la révélation de science de la pensée par Jésus-Christ, avec sa composante le discernement, les sages d'alors réclamaient toujours un signe de la part de Dieu, à l'apparition d'une pensée dans leur tête. A l'accomplissement de ce signe, s'assuraient-ils d'être parfaitement sous la houlette de Dieu, d'être en harmonie avec lui et donc de pouvoir effectivement être commandés par lui *No. 16. 28 à 35 ; Jg. 15. 21 ; 36 à 40 ; 1 R. 18. 30 à 39 ; 2 R. 20. 8 à 11 ; Mt. 14. 25 à 29.* Et Dieu les avertissait ainsi : lire *De. 18. 20 à 22 ; Jé. 14. 14 à 16.* Ceux qui n'avaient pas cette sagesse vivaient allègrement en ennemis de Dieu, selon leurs inspirations sans test. Cependant, c'est eux qui traitaient et accusaient encore les sages d'être mal inspirés et indésirables.

Les cultures et traditions de mon peuple me livrent en héritage d'avoir à reconnaître, à explorer et à me soumettre à une certaine puissance disponible dans du bois sculpté, dans la motte de terre et dans la ferraille façonnée, chef-d'œuvre d'habiles artisans *Es. 44. 15 à 20 ; Jé. 2. 26 à 28.* Mon peuple me réserverait-il un tel héritage si son patrimoine culturel était riche de la science de la pensée ? La réponse est non. En m'enfonçant chaque jour un peu plus dans mes traditions et cultures, avec ce qui en constitue les fondamentaux, quelle chance me reste-t-il de découvrir un jour la science de Dieu ? Elle est nulle. J'aurais fait l'option de renier le Dieu Créateur et sa science, de renoncer à sa puissance, à ses promesses aussi. Cela signifie être tombé et ne plus vouloir se relever ou s'être détourné sans vouloir revenir. En effet, depuis la chute d'Adam, tout ce qui a enrichi le savoir chez l'homme, de générations en générations jusqu'à moi, est instigué par Satan. Quel peut être alors le contenu de l'héritage légué en termes de traditions et cultures, d'une génération à une autre ? Aussi devons-nous nous convaincre de la vocation sournoise des traditions et cultures de tous les peuples sur la terre et notamment de leur faiblesse. Cette faiblesse, chaque peuple devra s'évertuer à l'élaguer avant de pouvoir s'essayer à rechercher le Dieu vivant. Ce sera aussi la précaution sine qua non pour l'assainissement des consciences individuelles et collectives des peuples.

J'observe que Satan entrant en Eden s'était plutôt intéressé à Eve qu'à Adam. Cela n'est pas anodin. Par-là, je fais le constat que Satan sait éviter les dépositaires des préceptes de Dieu. Il présume sûrement que ceux-ci sont censés craindre Dieu et qu'il ne peut compter sur eux pour assouvir ses plans. Il lui reste donc à s'appuyer sur les naïfs pour déstabiliser ceux qui ont la crainte de Dieu sans forcément posséder sa science. C'est pourquoi, partout dans le monde, Satan inspire la promiscuité comme condition privilégiée de recherche de Dieu. Le maître des lieux est en effet persuadé que les mauvaises compagnies corrompent irrémédiablement les bonnes mœurs *1 Co. 15. 33 à 34.* Je relève à cet effet l'amertume d'Adam : "*La femme que tu as mise auprès de moi m'a donné de l'arbre, et j'en ai mangé.*" *Ge. 3. 12.* Quelle carence chez lui a dû faciliter qu'il soit si promptement entraîné ? Adam ne connaissait pas déjà distinctement le bien et le mal. Par l'effet de la proximité d'Eve, il venait de faire l'amère expérience de cette affreuse connaissance *Ge. 3. 22 à 24.* C'est par cette expérience aussi qu'il se faisait doter de la faculté de choisir, subséquemment avec celle du libre arbitre. La science de la pensée n'était pas encore révélée.

D'Adam à Caïn son fils, lui qui tua son frère Abel malgré l'exhortation de Dieu lui-même, les choses n'étaient plus les mêmes. Caïn n'est pas dépositaire des préceptes de Dieu. Il ne pouvait donc pas craindre Dieu en tant que progéniture du rebelle Adam. Tous les deux étaient désormais à la solde de Satan *1 Co. 15. 47 à 48*. Dès lors, il est apparu nécessaire de formater l'humain dans la possibilité de revenir à Dieu. La loi fut donnée à cet effet *Ex. 15. 25*. Mais elle montra très vite ses limites *Hé. 7. 18 à 19*. Cette inanité de la loi va susciter l'avènement de Jésus-Christ qui vint exposer la thèse de la gestion des pensées, l'excellente trouvaille pour triompher de Satan *Mt. 5. 17 à 20 ; Jn. 4. 23 à 24*. La technique de gestion de la pensée fut expérimentée par Jésus-Christ, sous les yeux de ses contemporains sans attirer l'attention de personne. Dans *Mt. 4. 1 à 10*, il expose la preuve de l'efficience de ladite science à anéantir toutes les tentatives de Satan de se servir de l'homme pour accomplir sa volonté. Dès lors, Satan se mit en devoir de placer cette science sous le boisseau. Il crut y parvenir en faisant mourir Jésus-Christ. Il inspira les hommes de l'époque à cet effet, sans rien comprendre de la parabole de *Jn. 12. 24*.

A la mort de Jésus-Christ, la doctrine se répandit de plus en plus. Toutefois, Satan réussira à corriger sa naïveté *1 Co. 2. 8*. Il rattrapera son erreur en faisant éliminer tous les maillons de la chaine de transmission de ladite science. L'histoire retient que la religion romaine fut l'instrument à gage de l'exécution de la sale besogne. Les preuves de cette incrimination sont étalées dans la Bible depuis *Ac. 21. 15* jusqu'à *Ac. 26. 32*. Le nettoyage terminé, cette religion institua un magistère chargé d'interpréter ce qu'elle appelle la doctrine révélée. Ce sera le début de l'élévation du château de cartes. Après avoir combattu et tué dans l'œuf cette connaissance qui devrait être transmise de générations à générations, la religion catholique romaine revient l'appeler doctrine révélée. De quelle doctrine parle-t-on ? Qui l'a révélée et à qui l'a-t-on révélée ? On ne saura jamais.

Les personnes chargées d'interpréter la Bible furent et demeurent : le pape, les évêques et les théologiens. C'est ainsi que ce livre devint la propriété de la religion romaine. Il appert de rappeler que toute l'histoire ainsi condensée du vandalisme commis par cette religion se déroulait au moment où Rome était sur le toit du monde. Rome fut en effet, un très grand empire, s'étendant sur toute l'Europe actuelle jusqu'au Moyen Orient actuel. Jérusalem en était une province à la naissance de Jésus-Christ. Depuis que Satan a fait mettre la Bible sous embargo romain, le travail interprétatif des conciles successifs jusqu'à nos jours n'y a jamais pu mettre en évidence la science de la pensée. Satan qui est une créature de Dieu, sonderait-il les pensées de Dieu qui l'a créé *Es. 29. 16 ; Ro. 11. 33 à 36* ? Des hommes inspirés par Satan décrypteraient-ils le langage de Dieu *Jn. 8. 43* ? Le discernement qui est la colonne porteuse de sa science ne manquerait-il pas à de tels hommes ?

Le discernement en effet, est la tour de contrôle de la science de la pensée. Or, avoir besoin de discerner est synonyme de ce que l'on n'a pas la souveraineté de la genèse de la pensée. Avoir besoin de discerner est aussi synonyme de ce que l'on reçoit ses pensées de deux entités au moins, lesquelles sont probablement opposées. Avoir besoin de discerner suppose enfin une parfaite connaissance préalable des pensées de Dieu. Ces pensées ne parviendront à personne sur la terre, venant d'un autre creuset que de la Bible. C'est d'ailleurs pourquoi les propos tels que « Dieu s'est révélé à moi et m'a parlé », « Le Saint-Esprit m'a révélé ceci et cela », propos séducteurs tenus en étant ignorant de la science de pensée, doivent être entendus avec des oreilles distraites ou ne doivent même pas faire l'objet d'attention. De tels discoureurs méritent d'être abandonnés dans leur bulle tout simplement. Malheureusement, faute de connaissance de la science, ce sont de tels discours qui accrochent dans le royaume de Satan, puisque c'est lui qui inspire tous les sujets de son royaume. Mais, puisque la vérité ne périt jamais, ce qu'ils avaient tué avant même qu'il se popularise renait comme le phénix.

L'Ecriture rapporte : "*Que ce livre de la loi ne s'éloigne point de ta bouche ; médite-le jour et nuit, pour agir fidèlement selon tout ce qui y est écrit....*" *Jos. 1. 8.* Cette recommandation fait du sondage de la Bible, le seul moyen d'aller au contact des pensées de Dieu. Par ricochet, elle fait de l'explorateur de ce livre un chercheur de cette science-là *Jn. 5. 39 à 40 ; Ac. 17. 11.* La connaissance ainsi mise en réserve chez l'individu, lui permettra de confronter toutes pensées qui s'affichent sur l'écran de la cabèche. Si cette pensée est conforme et rigoureusement avec ses prérequis, elle est une inspiration divine. Si cette conformité n'est pas établie avec la précision du chirurgien, cette pensée n'est pas de Dieu. A titre d'exemple, je connaissais une pensée de Dieu, laquelle mentionne : "*Tu ne mentiras pas*" *Col. 3. 9.* Des circonstances produisent dans mon carafon la pensée de mentir. La confrontation de cette pensée à ce que je connaissais de la Parole de Dieu établit formellement que je suis en face d'une inspiration satanique. J'applique à une telle pensée la recette de *Mt. 15. 13.* Or, je possédais une autre pensée de Dieu qui autorise à mentir *Ro. 3. 5 à 8.* Comme pris dans un dilemme, le discernement s'impose à moi dans toute son acuité. En l'absence de cet outil que seule la science de la pensée me fournit, je sers irrémédiablement Satan *Pr. 1. 1 à 6 ; 8. 12.*

Le discernement ne s'improvise pas. Il ne se décrète pas. Or, Satan qui maîtrise parfaitement la science de la pensée et tous ses algorithmes, ne permettra jamais que quelqu'un découvre ces instruments, et en fasse usage à bon escient. Ce serait laisser son esclave en liberté, lui offrant des chances de s'échapper *1 Pi. 4. 18.* Ainsi, on ne sert pas Dieu par hasard. On revient toujours de très loin pour le servir, après avoir souffert en se débattant entre les griffes de Satan, et après avoir réussi à lui brûler la politesse *Hé. 12. 4 à 5.* Il suffit pour s'en convaincre, de questionner le peuple juif au moment de sortir d'Egypte ou de tâter l'enfant prodigue dans ses plans de retour au bercail.

Que chaque concitoyen du monde perçoive, apprécie et se laisse convaincre de la fausseté, de l'hérésie, voire de la duperie de tout ce qui s'offre et se propose d'expression divine autour de lui, c'est mon challenge. Il est sans conteste que toutes les formes de proclamation de Dieu dans le monde sont chacune, un appeau singulier derrière lequel se cache Satan. Aucun peuple n'y échappe sur la terre, à moins que ce peuple ne revendique aucune culture ou tradition qu'il tiendrait à préserver, à sauvegarder jalousement. Aucun individu n'y échappe par voie de conséquence. Satan tient tous les contemporains comme il savait si bien tenir nos patriarches, tout en restant extrêmement vigilent sur les rares lueurs qui percent les ténèbres ici et là. Ayant inspiré l'homme ancien d'avoir à élever une tour qui touche au ciel, et qu'ainsi il monterait vers son Dieu, il sait que personne, en ces moments d'érudition, ne se laisserait aller à un tel maboulisme au motif de rechercher Dieu.

Le modernisme incite à affiner les stratégies. Et ce n'est pas ce qui manquerait à un stratège de la trempe de Satan. Faire s'assembler hommes, femmes, jeunes et vieux pour crier le nom de Dieu, de Jésus et du Saint-Esprit, jouer du tam-tam, chanter, danser, pleurnicher, dire des litanies en guise de prière, se priver de nourriture et prétendre ainsi jeûner, baragouiner la Bible, voilà qui illusionne autant que vouloir trouver Dieu en construisant une tour. A l'arrivée, le tour est joué. L'homme ancien est sevré de la science de la pensée au même titre que le contemporain. Et ainsi marche le monde, porté exclusivement par des pensées sataniques, mêmes celles qui paraissent les plus vertueuses, les plus généreuses.

C'est de cette vérité inattaquable que découle l'universalité du concept de la repentance, à moins que quelqu'un ou un peuple se déclare exempt de cette obligation. Celui-là ou ce peuple-là s'illustrerait comme n'ayant jamais été sous l'aiguillon du diable. La pédagogie oblige à rappeler que se repentir consiste à résister aux pensées de Satan pour faire place nette dans la caboche et la préparer ainsi à recevoir celles de Dieu. Ainsi comprise, la repentance se dresse comme l'étape au-delà de laquelle, la marche selon Dieu devient possible, mais jamais avant. Pour demeurer dans les liens de la repentance, unique posture propice à recueillir les pensées de Dieu, chaque section de la Bible est déterminante comme pensée de Dieu, pour édifier soit au sujet du bien, soit au sujet du mal. Ceci, afin qu'aucun brin d'ignorance sur l'un et l'autre ne subsiste pour assombrir l'horizon de la marche du soldat que l'on est, et dont la sérénité de chaque instant est rigoureusement nécessaire *Jo. 1. 8 ; Es. 35. 8 à 9.*

L'Ecriture rapporte : *"…Si le sel perd sa saveur, avec quoi la lui rendra-t-on ? Il ne sert plus qu'à être jeté dehors, et foulé aux pieds par les hommes…" Mt. 5. 13 à 16.* Le sel, par une substance qu'il renferme, rend tout aliment exquis et très apprécié au goût. En comparaison, la Bible, par ce qui constitue sa quintessence (la science de la pensée) est censée rendre toute vie rayonnante de charme. Malheureusement, l'humanité a reçu en héritage un évangile de Dieu semblable à du sel ayant perdu sa saveur *Lu. 11. 52.* Il dit : *"Malheur à vous, docteurs de la loi ! Parce que vous avez enlevé la clé de la science ; vous n'êtes pas entrés vous-mêmes, et vous avez empêché d'entrer ceux qui le voulaient*". Malheur donc au peuple par lequel ce drame a frappé l'humanité. C'est à cause de ce peuple que la Parole de Dieu, aussi puissante qu'elle fut dans la bouche de Jésus-Christ et des premiers Apôtres, devient totalement débile sur nos lèvres aujourd'hui, comme si celle que nous professons n'était pas du même Dieu. Un ballon dégonflé est certes un ballon, mais ne peut être efficace dans une compétition de football. La Parole de Dieu, pour libérer l'homme de son assujettissement à Satan, et ainsi le débarrasser du mal, pour en faire un modèle de vie au service de la justice, de la vérité et de la droiture, est seulement puissante de la science de la pensée. C'est le principe actif qui en fait la thérapeutique spirituelle universelle *Es. 55. 10 à 11.*

Qu'est-ce alors qu'une Parole de Dieu dépiautée comme elle l'est aujourd'hui ? Elle ne sert plus qu'à être jetée dehors et foulée aux pieds par les hommes. Cet état de chose est notoire et unanimement partagé par tous. Ce déficit de puissance ne pouvant acter la mutation de l'homme, il lui devient impossible d'entrer dans la gouvernance de puissance. Or, l'homme fait à l'image de Dieu, éprouve un besoin incompressible d'exprimer la puissance. Ce besoin le jette sur le chemin de recherche de celle-ci comme si celui dont il est l'image était amorphe *Ro. 2. 24 ; 2 Co. 2. 17 ; 4. 2.* Sur ce chemin, Satan place ses guichets distributeurs de puissance où les attentes de l'homme sont supposément comblées, sans exigence de mutation intérieure. Ses pensées et ses projets s'accomplissent, même si c'est avec des revers suicidaires. Lui qui ne demandait pas plus que de la puissance, se contente de ce qu'il trouve, s'y accroche, l'exalte, le promeut comme une puissance jupitérienne et s'en glorifie follement.

Ainsi, l'homme se trouve-t-il définitivement noyé dans les cloaques des traditions et cultures, faute d'avoir connu la science de Dieu, porteuse de la puissance véritable et propre, celle qui donne positivement corps à toutes les pensées de Dieu *Jn. 14. 12 à 14.* Il appert de rendre coupables du phénomène sociétal d'idolâtrie, les tenants et aboutissants de l'évangile ordurier et gastrique. En effet, par eux, la puissance de Dieu est mise sous le boisseau, plébiscitant par voie de conséquence celle de Satan telle qu'elle est manifeste dans notre monde. Je regarde cela comme un défi à relever. J'ai comme à changer un champ montagneux en plaine. La puissance de la science de la Parole de Dieu que j'ai découverte en est amplement capable. C'est pourquoi ces hommes et femmes qui affirment au nom de Dieu, des choses qu'ils ignorent, devront être pointés du doigt, dénoncés et découragés dans leur forfaiture sans ménagement.

Au total, la religion et la secte que les humains eux-mêmes disent être la folie et l'opium des peuples ne peuvent pas, dès qu'elles s'appelleraient culture et tradition, devenir subitement structurantes pour ces mêmes peuples. La folie et l'opium n'ont de place dans aucun programme sérieux de développement. Aller trouver les ressorts du développement d'un individu et d'un peuple dans la folie et l'opium relève simplement d'une bêtise humaine. Or, les bêtises ont un maître. Ces réalités qui meublent le quotidien de notre existence attestent que l'homme n'est réellement pas autonome et qu'une entité mal pâmée l'oblige, le détermine comme le dit si bien *Jé. 10. 23.*

C'est peut-être le moment de reprocher leur vaine assurance à mes nombreux interlocuteurs qui se prénomment chrétiens gracieusement, si ce n'est naïvement. Je tiens à leur rappeler le contenu de *1 Co. 8. 2* qui dit : "*Si quelqu'un croît savoir quelque chose, il n'a pas encore connu comme il faut connaître*". En effet, ceux-ci réagissent toujours violemment chaque fois que je tente de leur faire admettre qu'ils sont encore sous le joug de l'ennemi. Sans jamais me laisser le temps des explications, chacun s'empresse de placer ses balises : (*Où serait Jésus pour que moi, je demeure sous le joug de Satan ? Le sang de Jésus me couvre. Si Jésus est ressuscité des morts, il ne peut en être ainsi. Le Saint-Esprit m'assiste, Satan ne peut rien contre moi, Jésus est à la commande. Toi-même, d'où tiens-tu ce que tu racontes ? N'as-tu pas été des nôtres avant que Satan t'emporte ? etc.*). En énumération de ces propos-boucliers, je ne saurais être exhaustif. Tout en étant des paroles à connotation divine, ce ne sont point celles-là, comme des ballons dégonflés, qui vont à l'assaut de Satan. Elles ressemblent toutes à de faux refuges, à des abris translucides. Or, le soldat ne se réfugie pas. Il affronte son adversaire avec la hargne de l'éliminer. La position de Jésus lorsqu'il éprouvait la tentation de Satan, n'était point de se réfugier derrière son Père. Il réagissait face à Satan par des refus nets d'exécuter ce qu'il lui commandait de faire. Mes contradicteurs, si sûrs de leur chrétienté, ne savent même pas d'où leur viennent leurs pensées avant de savoir s'il faille s'y opposer ou les exécuter. Leur rêverie est vérifiable à trois niveaux. Ils pourront évaluer par eux-mêmes s'ils sont réellement des crédules ou non :

1- La fréquentation d'une église quelconque dans le monde est en soi une preuve de méconnaissance de ce qu'il faut connaître de Dieu *Mt. 24. 23 à 26 ; 2 Co. 6. 16 à 18.* Attendu que Satan est l'unique instigateur et maître de toutes les religions, quelles qu'elles soient, une recrue d'aucune d'elles ne peut devenir chrétienne, si elle y demeure accrochée.
2- Le fait de tenir un tiers pour chrétien en dehors de soi est une autre preuve que l'on n'est pas soi-même chrétien. Un tel ne sortira jamais de la promiscuité qui est un contexte poison à la connaissance de la science de Dieu *Lu. 17. 20 à 21 ; Ro. 2. 28 à 29.*
3- Enfin, le fait de se convaincre du moindre péché est la plus indiscrète des preuves que l'on est loin de porter le qualificatif chrétien *Jn. 8. 46 ; 1Jn. 3. 9 et 5. 18.*

Pour me délivrer d'une situation, la condition première est de me voir empêtré dans la situation. Alors s'imposerait la nécessité de rechercher les voies et moyens de m'en dégager. Le contexte de la spiritualité n'étant pas du factuel, Jésus nous a toujours invité à lire la nature pour savoir lire les choses invisibles et notamment pour apprendre par nous-mêmes à interpréter les messages de Dieu *Ro. 1. 18 à 20.* Lui-même a constamment tiré arguments de la nature pour instruire les hommes. C'est pourquoi le premier chapitre de ce livre, chapitre intitulé : "Gommer les illusions" s'inscrivait dans cet exercice pour traduire la relation invisible de l'homme à Satan dans du concret. Je le fais, non pas pour tous les hommes, mais pour les élus de Dieu que le grand filet de Satan entraine ensemble avec ses affidés irréductibles, de la trempe de Judas l'iscariot *Jn. 17. 9 et 20.* En se délivrant par la foi, (non pas la foi au nom de Jésus, laquelle est nullissime), mais par la foi en la science de la pensée qui est la clé de la Parole de Dieu, l'homme reconstitue tout son potentiel de développement, étant porté par des pensées de Dieu exclusivement. Par voie de conséquence, le développement collectif étant la somme des développements individuels, un peuple au fait de cette science se dégagerait inexorablement du sous-développement que tant de décennies ne suffisent à résorber. Et le développement ainsi réalisé, aurait l'avantage de procurer un bonheur saint et durable parce qu'exempt du mal.

Dans la même veine de reproche, je voudrais m'adresser à tous ceux qui parlent comme suit : (*Je ne sais pas lire pour lire la Bible ; je trouve la Bible contradictoire et elle m'ennuie ; je ne comprends rien quand je lis la Bible ; la Bible, pour moi, est un livre de guerre et de chaos ; je n'ai rien à faire de la Bible n'étant pas "chrétien" ; je n'ai pas les moyens de m'acheter une Bible, etc.*). Tous ces motifs supposés ou réels et leurs analogues sont au service d'une seule stratégie. Tenir l'homme toujours dédaigneux et bien loin de la science de la pensée. Et cela marche comme une stratégie assez fignolée, d'autant que seul Satan peut être derrière les pensées qui formulent ces propos. Au regard de la force de dissémination de ces pensées tendancieuses, on peut aisément admettre que la Bible soit de l'ordre des balayures ici-bas où son contenu est pourtant la clé de toutes choses. Un véritable paradoxe dont la réalité atteste de la subtilité de Satan et de sa grande qualité de stratège.

Persuadé qu'aucune révolution morale n'est possible sans l'intervention de la science qu'elle porte, la Bible a fait dans les âges, l'objet de tous les saccages et continue de l'être à présent : (*inspiration universellement établie faisant de la Bible un livre religieux - interdiction de lecture de la même Bible, suivie de représailles - autodafé de celle-ci et de toute documentation susceptible de perpétuer une connaissance idoine de Dieu - défiguration des passages de la Bible au détour d'éditions variées en l'absence de tout système de censure en la matière - enseignement accéléré d'hérésies soutenues par des interprétations tendancieuses - innovations impromptues et injustifiées dans la classification des livres à l'intérieur de certaines Bibles - adjonctions et retranchements abusifs de pans entiers de l'Ecriture dans certaines Bibles - dénominations ségrégationnistes de certaines Bibles - etc.).* Tout y est passé et le génie tripatouilleur n'est pas mort. Une panoplie d'actes de torpillage tellement réducteurs, qu'il est difficile d'admettre que la religion romaine ait réellement quelque connivence avec ce Livre. Nul ne peut autant s'acharner contre sa propre œuvre.

Pourtant, qui a jamais vu Satan dans un quelconque activisme ? Il n'y a que l'homme qui soit autant enthousiaste et diligent à exécuter la volonté de cet esprit parce que n'ayant jamais appris que le monde fonctionne seulement à partir des pensées dont il détient seul le monopole. Nul ne possède la science qui permet de tracer la pensée. Nul n'a le secret de se détourner de Satan. Le grand tacticien n'en demande pas mieux pour tenir l'humanité dans cette méprise le plus longtemps possible. Et pour cela, il fait multiplier à l'infini, églises, temples, mosquées et toutes sortes d'écuries dévouées au sabotage très soigneux, mais totalement inconscient, du seul creuset de cette science-là.

En français facile, je vous prie, non pas moi, mais encore la Parole de Dieu, d'abandonner les messes, les cultes, les conventions, les croisades, les prières, les jeûnes, les sacrifices, les sacrements, les veilles, les fêtes et j'en oublie. Ce sont autant d'occupations de diversion face à ce qui est vivifiant à tirer de la Bible *Hé. 6. 1 à 3.* L'unique chose à faire pour briser définitivement tous les liens par lesquels Satan tient chacun de nous, c'est d'apprendre de la Bible le jeu des esprits. Toutes les règles de ce jeu y sont consignées. Et c'est afin que personne ne les connaisse, et que personne ne maîtrise ce jeu, que l'adversaire distrait le monde entier des principes et règles qui l'encadrent *1 Co. 9. 24 à 27 ; 2 Ti. 2. 3 à 5.*

Mon passage sur terre n'aura pas été de l'ordre des choses viles si, par ce travail, j'ai pu aider à mettre en exergue la science de la pensée, et à faire savoir jouer au jeu des esprits. Car, je reste persuadé que personne, lorsqu'il demeure connecté aux inspirations de Satan, n'a de bonheur durable, dans son existence terrestre ni après. Que les serviteurs naïfs et zélés se le mettent dedans, et décident enfin de se laisser convaincre de la nécessité de replonger dans la Bible aux fins d'y détecter et de s'approprier la science de la pensée. C'est à ce prix seulement que la citadelle satanique se fragiliserait et deviendrait prenable.

Jésus est allé dispenser la science de la pensée à l'humanité entière. Malheureusement, à l'instar du peuple ayant recueilli l'expérience, le peuple juif s'entend, aucun peuple sur la terre n'a subodoré le contenu ni la portée de l'exercice. En conséquence, personne n'a aperçu cette grande sagesse sur toute la planète. Avec l'élimination des Apôtres du cru de Jésus, plus aucun homme n'avait formellement économisé cette science, au point d'en assurer la vulgarisation. Cependant, tout le monde est prompt à porter la doctrine de Jésus-Christ. Faites-en votre opinion.

Je rappelle au début de ce chapitre un haut fait d'histoire, celui de la colonisation de l'Afrique. L'histoire retient que ce crime abject fut facilité par l'évangile de Christ porté par des missionnaires blancs. J'observe là que la science destinée à soigner le mental de l'homme, à lui permettre de discerner le mal et le bien, à lui permettre de savoir rejeter le mal et de savoir choisir le bien, que cette science-là servit le prétendu porteur à assouvir un dessein aussi machiavélique que celui de la colonisation de l'Afrique. Quid de celui qui reçoit en partage l'évangile du Christ sous ce format ? Je voudrais m'assurer que ce rappel abrégé ait pu faire appréhender le vrai visage de l'évangile que l'humanité avait embrassé et qui fait tant d'émules. La chronique du syncrétisme malfaisant de la religion catholique romaine et de la doctrine de Jésus-Christ, avait déjà été amplement exposée dans mon livre intitulé : "*La recherche de Dieu en butte à l'imposture des religions et sectes*".

La Bible n'est pas un livre religieux. Mon souhait le plus ardent est que cette réfutation fasse dans le monde, l'écho d'un roulement de tonnerre, de sorte que nul n'en ignore dans les générations présentes et futures, sur toute la planète terre. De même, j'appelle de tous mes vœux que le groupe de mots bâtard "**religion chrétienne**" soit striée, dénoncée et détricotée par tous les peuples de la terre. S'il est vrai que dans la Bible se trouve la doctrine de Dieu, il est aussi vrai que la religion est une invention humaine d'une certaine approche de Dieu. L'adjonction barbare de la science de Dieu et des hérésies des hommes est vivement stigmatisée dans une parabole du Livre Saint : "*Personne ne met une pièce de drap neuf à un vieil habit ; car elle emporterait une partie de l'habit, et la déchirure sera grande. On ne met pas non plus du vin nouveau dans de vieilles outres ; autrement, les outres se rompent, le vin se répand, et les outres sont perdues ; mais on met le vin nouveau dans des outres neuves, et le vin et les outres se conservent Mt. 9. 16 à 17.*

Il va sans dire que ce soit une catastrophe, lorsqu'une dilettante se met à donner des leçons dans une spécialité où elle a tout à apprendre. Resté étranger à la science cachée et mystérieuse de la Parole de Dieu, l'homme a toujours ignoré son propre statut *1 Co. 2. 6 à 8.* Ce statut est que l'homme est un exécutant résigné, sans souveraineté ni autonomie, une créature corvéable et taillable à merci par les esprits. Se servant de lui, les esprits dirigent le monde. Or, Dieu attend d'être seul servi par l'homme, étant préparé pour jouir en retour, de toutes les promesses attachées à cette dévotion *Ex. 20. 1 à 23 ; De. 6. 6 à 19.* Mais l'humanité, bourrée d'ignorance au contact d'un évangile placebo, ne s'est jamais rendu compte qu'elle se soit totalement dérobée à cette subordination, pour n'être qu'au service exclusif de l'adversaire de Dieu, Satan *Ro. 6. 16.* J'évalue la quantité de salive qui coule en l'intervalle de vingt-quatre heures au prononcé des appellations Dieu, Jésus, Saint-Esprit et autres attributs de Dieu, dans le monde, et je trouve qu'elle pourrait remplacer des océans si elle ne s'asséchait pas aussitôt. Mais pour quelle finalité ? La sérénade de ces substantifs divins n'est utile à rien et ne sert qu'à cirer la mauvaise conscience qu'elle est incapable de corriger ; tant le fossé entre la science de Dieu visant la perfection de l'homme et l'évangile placebo est abyssal. La doctrine de Dieu est une puissance qui dégage l'homme du joug de Satan, immunisant son ciboulot contre l'agression satanique que représente la pensée mauvaise. Quelle efficacité attendre de cette doctrine si la dispensation de la Parole qui la porte est assurée par des carafes entièrement dévouées aux pensées de Satan ? Cet esprit influencerait-il la tête de l'homme dans le sens de la promotion des plans de Dieu ? Tout le paradigme de la collusion entre la religion et la doctrine de Jésus-Christ est à construire à partir de ces considérations-là.

La Bible n'est pas un livre religieux. Tant s'en faut. Elle fustige plutôt la religion comme étant la pire chose que l'homme peut rencontrer dans son existence. Là-dessus, j'observe l'ardeur de la colère de Dieu lorsque le peuple juif avait pris l'initiative du culte du veau d'or, l'ancêtre de la religion *Ex. 32. 7 à 10*. Comment une pratique qui réveilla la furie de Dieu, redeviendrait-elle l'institution de vulgarisation de sa Vérité ? A entendre le discours que tenait le peuple juif peu avant son forfait, il est aisé d'admettre que la pensée d'instituer le culte du veau d'or s'est installée après le rejet de Dieu et de Moïse *Ex. 32. 1 à 6*. Le rejet de Dieu étant synonyme de pacte avec Satan - puisqu'il n'y a point de dualisme ni de neutralisme des esprits en matière du dirigisme de l'univers - celui-ci s'évertue à faire avaler des couleuvres à tous comme quoi, on peut être dans ses liens et s'occuper néanmoins des affaires de Dieu. Quelle hardiesse est celle que Satan forge en l'homme et quelle myopie est celle dont il frappe ce dernier ? La question mérite d'être posée en ces termes à partir du moment où l'homme ne se rend pas compte qu'en succombant à enseigner la Parole de Dieu, tout l'intérêt en revient à Satan qui rame et ramera toujours à contre-courant des préceptes de Dieu. En effet, il appert de chercher à comprendre pourquoi la Parole de Dieu doit être enseignée, quand bien même la Bible en interdit la faisabilité *De. 30. 11 à 14 et Hé. 8. 10 à 11*. Si Satan ne jouait pas sur ce tableau, il ne lui resterait plus aucun moyen de tordre le sens à la Parole et de lui enlever la clé de la science qu'elle porte *Es. 29. 13 ; Mt. 15. 1 à 9 ; Lu. 11. 52.*

Je simule la ruse de Satan se faisant dispensateur de la Parole de Dieu. Il est une assemblée dite chrétienne, établie dans le monde, hors de Rome. Dans cette assemblée, un prêtre ou un prétendu évangéliste se dresse et enseigne. Il évoque la vie de l'Apôtre Paul par exemple, citant *Ga. 1. 13 à 14*. Là-dessus, il fait le procès de toutes les religions et traditions des peuples de la terre, avant d'exhorter l'auditoire à s'en tenir éloigné. Œuvre utile, dira-t-on. Mais une question reste posée. La religion du peuple romain par laquelle ce prétendu serviteur de Dieu enseigne, serait-elle surcotée au regard de celles que les autres peuples se sont données *1 Ch.16. 26* ? Dans une telle éventualité, la surcote irait plutôt au judaïsme qui recueillerait la doctrine de Jésus-Christ par affinité. Et c'aurait été tout logique. Or, c'est ce judaïsme que l'Apôtre Paul avait pratiqué avec beaucoup de zèle, qu'il se trouve en train de retoquer, maintenant qu'il est reconverti à la doctrine de Christ *Ac. 26. 4 à 5.* Si l'histoire du peuple romain lui eut fourni des conjonctures de s'arroger la paternité de la Bible, il faut y trouver un piège dont la conséquence rend la Bible caricaturale. Du coup, notre "serviteur de Dieu", lui-même partisan de religion, mais grisé par l'épithète chrétien, se méprend sur son propre statut, tenant plutôt les autres pour des religieux. Il lira la Bible qui est écrite pour être lue par tous, mais tiendra un raisonnement inspiré par Satan de qui il tient ses pensées *Jé. 23. 23 à 32.* Ainsi, Satan tronque-t-il la sagesse de Dieu contenue dans sa Parole, la rendant inepte. Ceux qui écouteront ce prétendu serviteur de Dieu plongeront tous dans les profondeurs de l'hérésie relativement à la vérité de la Bible ? Cela est une évidence. Et ainsi va le christianisme dans le royaume de Satan.

L'évangile de Jésus ne consiste pas à crier à la ronde que Jésus est Roi et Seigneur, qu'il sauve et guérit. L'évangile de Jésus consiste plutôt à vulgariser une science, celle de la pensée. Cela revient à apprendre et à divulguer les origines de la pensée, comment elle fonctionne, ses finalités puis sa mort. Ainsi outillé, l'homme devient apte à se prendre en charge quant à la conduite de sa vie, imitant Jésus qui est resté fidèle aux pensées de Dieu, son Père comme notre Père *Hé. 3. 1 à 2.* Voilà la vérité dont l'apprentissage et la maîtrise guérissent et sauvent *Jn. 8. 31 à 32.* Précédemment à cette érudition, l'homme est naturellement otage de Satan par l'"ignorance qui le porte à ne mettre en œuvre que les pensées induites par celui-ci. Jésus ne guérit donc pas à priori, mais plutôt à postériori. C'est plutôt la science de la pensée qui sauve et guérit, contrairement aux discours enjôleurs et dithyrambiques des religions et sectes, elles que l'humanité a du mal à identifier comme étant des instruments de Satan. En les tenant pour des bras exécutants de Dieu, l'humanité s'est gravement méprise sur leurs fonctions véritables, celles d'occulter la vérité, la voie et la lumière de Dieu. Quelle cause servirait quelqu'un qui se charge de transmettre exactement le contraire d'un message dont il ne serait même pas le dépositaire ? Autrement dit, quelle cause servirait quelqu'un qui se met en route, n'ayant préalablement rien compris du message pour lequel il est envoyé ?

L'Ecriture rapporte : "*Si quelqu'un croit savoir quelque chose, il n'a pas encore connu comme il faut connaître*" *1 Co. 8. 2.* Ces propos portent en eux le germe de la défense d'enseigner la Parole de Dieu. Ils suscitent même le souci suivant : et si ce que l'on enseigne ou ce que l'on apprend n'était pas la connaissance qui vaille ? Ils sonnent comme une mise en garde sévère à tous ceux qui croiraient en savoir assez sur la doctrine de Dieu et qui nourriraient le dessein d'instruire d'autres. Or, ceux qui se dévouent à cette tâche portent un qualificatif. En rapport avec la religion catholique romaine d'où descendent tous les embranchements ayant en partage la Bible, ceux-ci se font appeler chrétiens religieux ou religieux chrétiens. Si l'on peut voir le religieux dans ses pratiques, lesquelles attestent de cette qualité, il n'en est pas de même du chrétien selon la science de Dieu. Lui, n'est pas identifiable. Rien ne le permet d'ailleurs. Son outil de travail s'appelle la pensée. Comment appréhende-t-on quelqu'un dans la gestion de ses pensées, si c'est une telle pratique qui atteste de l'application à soi, de la doctrine du Christ, ce qui ferait un chrétien ? Lire et comprendre *Lu. 17. 20 à 21 ; Jn. 4. 23 à 24 ; Ph. 3. 2 à 3.* Il se pose ici un problème de contraste d'approches. Un contraste qui n'admet point qu'un chrétien soit religieux ou qu'un religieux soit chrétien. Si le chrétien était identifiable, les juifs n'auraient eu aucun mal à tracer la personnalité de Jésus-Christ. Même les miracles qu'il faisait, n'avaient pas suffi à lui mettre l'estampille. Il était traité, au contraire, de fou et de démon *Jn. 8. 48 ; 10. 20.* Un océan ne peut donc être à la fois un étang. Qu'est-ce qu'un religieux chrétien, tel que le monde entier s'y est accoutumé, irait tirer de la Bible, lui qui n'aura jamais soupçonné ce livre d'être porteur de quelque chose qu'on appelle science de la pensée ? On ne pêche pas des baleines ni des requins dans un étang. La Bible n'étant pas un livre religieux, un bigot se convaincant d'y connaître quelque chose, n'a pas encore connu comme il faut connaître.

Alors qu'aucune science humaine ne renseigne l'homme sur la problématique de la pensée, la science de Dieu seule l'a fait *2 Ti. 3. 16 à 17.* C'est donc uniquement la préoccupation de s'auto éduquer à cette science-là qui peut et doit porter un homme averti à se river à la Bible. Ce devrait être cela l'héritage de l'humanité dès lors que la pensée est l'arme universelle sans laquelle la vie devient une aventure. Maintenant, quelqu'un qui ne suspectait même pas la Bible d'une telle richesse, s'en va chercher quoi dans ce livre, qui soit structurant pour lui-même spirituellement, avant d'être communiqué à autrui *Mt. 7. 3 à 5 ; Ro. 2. 17 à 24* ? Au demeurant, attacher du prix à la Bible en vue d'y apprendre ce qui concerne la pensée afin de soigner sa propre conscience, apparaît toujours comme appuyer sur la sonnette d'appel de Dieu, en sa qualité d'auteur du contenu de ce livre ; n'en déplaise à tous ceux par les cerveaux desquels Satan propage que ce livre est un texte religieux. A cette seule condition, la Bible s'ouvre instantanément comme une porte s'ouvre sur les secrets de l'intérieur d'une pièce *Mt. 7. 7 à 11.* A contrario, recourir à la Bible en étant investi d'une préoccupation autre que celle mentionnée supra, la rend cabalistique, hermétiquement fermée *Es. 29. 9 à 13 ; Ja. 4. 3 à 6.* Par conséquent, nul ne doit tenir la Bible pour un outil de seriner les autres, mais plutôt celui de s'éduquer, de soigner ses propres pensées et sa propre conscience *Pr. 22. 17 à 21.* Ainsi ôte-t-on la poutre que l'on porte dans son œil. Après, on peut se préoccuper de la paille se trouvant dans l'œil de son semblable.

La fonction prépondérante des religions étant de cornaquer les autres sans se préoccuper de sonder ce qu'elles professent *1 Ti. 1. 6 à 7*, il me plaît qu'ensemble, nous convoquions quelques références du Grand Livre, cherchant entre leurs lignes, si discipliner l'autre est effectivement l'objectif de la science de Dieu. Du coup, nous vérifierons si la constitution de groupuscules identitaires, l'autre caractéristique de la religion et de la secte l'est aussi de la science de Dieu. Nous tirerons finalement l'une des deux conclusions possibles, à savoir, si les deux institutions s'imbriquent ou s'éliminent au regard de ces deux considérations.

« ***Ge. 11. 1 à 8*** » Nos patriarches de cette époque, descendants légitimes d'Adam comme nous tous d'ailleurs, étaient tous des otages de Satan comme nous le sommes aussi. Dans le premier chapitre du présent livre, j'ai démontré que Satan n'indiquerait à aucun de ses otages le chemin de retour à Dieu. Aussi avait-il inspiré ces anciens à chercher Dieu qui est esprit, par des moyens corporels. Heureusement, se produisit pour eux, ce qui ne se produira plus jamais, ni dans le temps, ni dans l'espace. Dieu intervint manifestement pour les dissuader de cette voie, en posant deux actes hautement édifiants.

- **Il confondit leur langage.** L'empêchement d'avoir à communiquer entre eux est forcément un désaveu sans équivoque de tout dessein de donner des orientations les uns aux autres sur le projet particulier qui les avait rassemblés en cet endroit, lequel était de trouver Dieu. La position de Dieu ainsi nettement exprimée changerait-elle dans le temps ? Rien dans la Bible ne porte à insinuer une telle possibilité. Dès lors, il ne reste plus aucun motif dont se prévaudrait quelqu'un pour se comporter en instructeur de son semblable en cette matière-là.
- **Il les dispersa sur la face de toute la terre.** Par cet acte, Dieu les avait empêchés de former un aéropage, ce qui les obligea à la dispersion et à donc abandonner ce qu'ils avaient entrepris, c'est-à-dire chercher Dieu. Dès cet instant, se remettre à nouveau ensemble avec les mêmes préoccupations est naturellement contraire aux visées de celui qui aura agi ainsi. Deux choses sont ainsi mises en évidence. Il s'agit de l'interdiction de s'instruire les uns les autres et celle de s'assembler pour la même cause.

« ***De. 30. 11 à 14*** » Ces propos n'incitent en aucune façon à un mode d'endoctrinement impliquant un maître et un apprenant. Ils sont davantage opposés à l'idée d'assemblée.

« ***Jos. 1. 8*** » Ce passage ne laisse envisager la moindre complicité entre un instructeur et un disciple. Il est aussi loin de susciter l'idée d'une assemblée avec des cérémonials observés en ces occasions.

« ***Ps. 1. 1 à 3*** » L'homme a-t-il vraiment besoin d'un assistant lorsqu'il choisit de s'approprier les lois de celui qui l'a créé et qui a aussi créé l'assistant auto-proclamé ? Ne sont-ils pas tenus tous les deux à la même obligation de plaire à Dieu à travers leur rigueur personnelle dans l'observance de ses lois ? Quel concours de circonstance ferait de l'un l'illuminé au détriment de l'autre, et qui emporterait l'onction de Dieu ?

« ***Jé. 17. 4 à 6*** » J'ai foi que celui qui parle ainsi ne peut jamais envoyer un homme s'initier au contact des connaissances de son semblable notamment en ce qui concerne le décryptage de sa Parole. La notion d'assemblée n'est même pas à soupçonner dans ces propos.

« ***Mt. 7. 3 à 5*** » Ces paroles indiquent nettement l'impéritie de l'homme à prétendre faire de son semblable un enfant de Dieu. La notion d'enseignement se trouve ici virtuellement écartée. Or, c'est la logique d'enseigner qui entraîne la nécessité de s'assembler.

« ***Mt. 13. 24 à 30*** » Ici, il s'agit d'une parabole qui exige d'être ouverte. Arracher l'ivraie s'ordonne comme la volonté d'éliminer le mauvais afin que le bon ne soit pas affecté. Une fois encore, le refus du maître d'arracher l'ivraie revient à récuser l'enseignement, en prévision des dégâts quasiment irréparables que causerait une vulgarisation adultérée de la Parole de Dieu. L'humanité est aujourd'hui malade du non-respect de cette précaution. Elle porte visiblement, en termes de connaissance, une gangrène pourrie, apparemment irréversible, tellement l'hérésie a pris de la carapace.

« ***Mt. 25. 1 à 9***» Encore une parabole. Les vierges sages refusèrent de donner de leur huile aux folles. L'huile étant symbole de connaissance et de sagesse, les vierges sages refusant d'en fournir aux folles, renoncent à instruire celles-ci comme pour dire qu'elles avaient les mêmes prédispositions d'avoir de la connaissance et que chacune devrait la prendre à la source. Les sages apprennent aux folles que l'acquisition de la science de Dieu nécessite que chaque candidat paye le juste prix et intégralement. L'immixtion d'un tiers ne fait point partie des règles du jeu, peut-on retenir. La conversion de Saul appelé Paul est l'exemple le plus parlant que l'Ecriture ait fourni à cet effet. Lire et comprendre *Ga. 1. 10 à 24*. Combien de prédicateurs prétendus, dans le monde, le sont devenus dans des circonstances mesurables à celle de Saul ? Cette espèce est éteinte avec l'élimination des Apôtres du cru de Jésus.

« ***Mt. 13. 44 à 45*** » Les paraboles du trésor caché et de la perle de grand prix sont éloquentes pour ne laisser personne se distraire par un christianisme s'accommodant du mal. En effet, vendre tout ce que l'on a, c'est se défaire de sa nature pécheresse par la repentance, c'est résilier sa subordination à Satan. Cette mutation passe exclusivement par la maîtrise de la science de la pensée. Or, cette science est foncièrement absente de dessus la face de la terre. Dans cette parabole, la précaution prise par l'acquéreur du champ au trésor indique que la préciosité de ce trésor n'admet aucune publicité avant l'acquisition du champ où il est caché. Ce trésor étant le symbole de connaissance, je déduis que la connaissance authentique ne se divulgue pas, mais qu'elle s'acquiert par la détermination de ceux qui y aspirent. La triche, le vol, la copie et que sais-je, restent quelques moyens d'y arriver. Dans le cas de la science de Dieu, la transmission se fait seulement par imitation *1 Co. 11. 1*. Paul dit : "*Soyez mes imitateurs comme je le suis moi-même de Christ*". La Bible porte même un cas de vol déguisé de prérogatives. Jacob avait volé le droit d'aînesse à son frère Esaü (*Livre de Genèse, Chapitre 17*). Ici encore, l'enseignement est battu en brèche, dénonçant du coup l'évangile dans le monde comme n'étant point de souche. Il va de soi que cet évangile soit dépourvu de puissance, et par conséquent incapable d'opérer la mue de l'homme ou de produire quelque miracles.

« ***Jn. 4. 22 à 24*** » Tout ce qu'un homme ferait en esprit reste forcément inaccessible à autrui, même au voisin immédiat. Faire quelque chose en esprit nécessite beaucoup d'imperturbabilité. En effet, dans le cadre de l'expérimentation de la science de la pensée, il s'agira d'être constamment en train d'examiner le flot de pensées qui crépitent dans le ciboulot afin d'en sérier les bonnes et les mauvaises et pour réserver à chacune le sort qui lui convient. L'incompatibilité de l'environnement de sérénité que requiert une telle activité avec le charivari des assemblées religieuses, traduit le large fossé qui sépare la religion et la doctrine de Jésus-Christ, dans leur essence et leur vocation. Satan sait que chanter, taper du tam-tam, danser, crier, sauter, tomber, le tout dans une promiscuité effervescente distrairait forcément de l'enjeu.

« ***Hé. 8. 10 à 11*** » De quels arguments se prévaudrait un homme au fait de la vérité de la Parole de Dieu, pour s'établir en professionnel instructeur malgré ces consignes du Grand Livre ? Dans quel style de la langue française ce qui est écrit-là aurait dû être écrit pour être bien compris ? Chaque fois qu'il m'arrive de lire le "christianisme religieux" à l'aune de ces passages, ma conviction se décuple quant à ce que l'homme n'a aucune souveraineté sur ses pensées et que Satan est maître absolu en cette matière, du fatum de chacun dont il dispose comme il veut.

« ***Ac. 17. 26 à 27*** » Je dois m'efforcer de trouver le Seigneur en tâtonnant, bien qu'il ne soit pas loin de moi. Ici, il ne fait l'ombre d'aucun doute, la recherche de Dieu reste ma seule affaire. Chercher en tâtonnant ne m'impose guère un expert en recherche. Ma seule dextérité et ma seule perspicacité sont interpelées. Et voilà qui exclut enseignement et assemblée. Ces dispositions rappellent l'enfant prodigue qui n'eut besoin d'aucune main secourable avant de se retrouver dans la maison de son père, après ses instants d'égarement. Adam est expulsé et sorti seul d'Eden. Il y retournera tout seul.

« ***1Jn. 2. 26 à 27*** » Dieu, après avoir retoqué toutes les formes de vulgarisation de sa Parole par l'homme, n'a pas manqué de désigner celui qui est seul à même de conduire l'homme dans la vérité de sa science, puisque lui seul est auteur de cette science. Il s'agit bien entendu du Saint-Esprit, si je ne veux nommer Dieu, ni Jésus-Christ *1 Co. 2. 9 à 10 ; Jn. 14. 26 ; 16. 13 ; 1 Jn. 2. 20, 26 à 27.* S'il en est ainsi, quelqu'un peut-il espérer user efficacement de la Parole de Dieu, pour lui-même et pour autrui, sans la complicité de cet Esprit-là qui peut lui en révéler les profondeurs ? La Bible a existé par l'entremise de l'Esprit de Dieu *2 Pi. 1. 20 à 21.* Elle ne peut être explicitée sans sa complicité. Or, la repentance qui permet de pactiser avec cet Esprit est comme un chameau à faire passer par le trou d'une aiguille, pour tout le monde ici-bas. A cause de l'austérité qu'elle requiert pour la chair, les hommes lui ont préféré la religion, jouant plutôt les autruches.

A présent, j'estime avoir suffisamment rassemblé d'éléments d'analyse pour pouvoir donner une conclusion avantageuse au questionnement à l'origine de ma longue investigation. Sans la moindre zone d'ombre, la Bible nous fournit une répartie contre laquelle aucune sagesse ne prévaudra. C'est qu'elle ne porte aucun trait de religiosité. Pendant qu'elle récrimine la promiscuité et la transmission par mode d'enseignement de la doctrine de Dieu, l'assemblée et le catéchisme se détachent comme les particularités et les fondamentaux de la religion. Pendant que celle-ci s'évertue à rabâcher sempiternellement aux oreilles des hommes les recommandations de Dieu, celles mêmes que ses tenants et aboutissants sont ostensiblement incapables de mettre en pratique *Ro. 2. 13*, la Bible attend que l'homme apprenne plutôt directement d'elle la science de la pensée. Les vocations des deux institutions, leurs modes de fonctionnement et de dévolution n'étant pas les mêmes, il est impossible que la religion dite chrétienne et la doctrine de ce Christ-là, quoique tenant la Bible en commun, soient compatibles. Par conséquent, les deux concepts s'éliminent radicalement. Et puisqu'ils s'éliminent, ils nous ramènent subséquemment dans l'adversité bien-mal et par ricochet, dans l'opposition naturelle de leurs animateurs respectifs, je nomme Dieu et Satan. Dès lors, nous serons légitimes à attribuer la science de la pensée à Dieu, et la religion dite chrétienne et ses avatars à leur véritable maître, le diable et Satan.

Versez de l'eau au sommet d'une pente, elle se précipite dans la dépression. Dans le sens inverse, l'expérience est impossible tout simplement. Telle est l'image de la prière. En effet, la science de Dieu édicte que la prière est un acte unique, non susceptible de répétition pendant toute la durée de vie d'un homme ici-bas. Il va sans dire que la prière en acte unique et celle en actes récursifs ne peuvent être des suggestions d'un même instructeur.

"Vivre" par la prière

"Mourir" en priant

Mourir, dans le présent contexte ne désigne pas la mort biologique. La dimension spirituelle de la mort fait plutôt penser à l'état de vulnérabilité que tous les humains présentent toujours face aux attaques quotidiennes de l'ennemi, Satan. En effet, le challenge de la vie n'est pas d'avoir maille à partir avec son semblable qui qu'il soit, et quelle que puisse être la nature des conflits pouvant opposer les hommes. Le seul vrai challenge, et sur lequel tout le monde se méprend d'ailleurs, c'est celui qui met chacun face à face avec Satan. Il s'agit d'une confrontation permanente, vécue seconde après seconde, durant la durée entière de chaque vie ici-bas. Dans l'ignorance de la permanence des coups de boutoir de Satan, dans l'ignorance de toutes les possibilités susceptibles de parer ces coups, l'homme se résigne aux chaos que lui impose sa stupidité. Ainsi chargé de difficultés et débordé de chagrins de toutes parts, l'homme se dit devoir se confier à la providence. La prière, ou ce qu'il tient pour telle, devient son refuge, sans qu'il en sache ni les fondements, ni les déterminants. J'avais longuement démontré comment l'homme est un exécutant résigné de la volonté des esprits impurs. C'est donc en étant entièrement au service de Satan que quiconque, posant un acte dit de prière, prétend s'adresser à Dieu. Mourir en priant se décline donc comme nourrir la foi d'être en relation avec Dieu, alors qu'il n'en est rien.

Depuis le livre de Genèse, la résignation de l'homme au bon vouloir de Satan était clairement établie et devrait être prégnante pour tous si Satan n'avait pas travesti la science de l'Ecriture. Lisant l'adresse de Dieu à notre patriarche Caïn dans *Ge. 4. 6 à 7*, je ne puis résister à la grande sagesse indiquant déjà à l'homme d'être sous l'aiguillon de Satan, et qu'il avait à résister à cette agression-là. Ce passage dit : "…*Le péché se couche à ta porte, et ses désirs se portent vers toi : mais toi, domine sur lui.*" Voilà ce que l'homme n'a jamais su faire, agissant toujours et exactement comme son patriarche Caïn. Plus loin, dans *2 Ti. 2. 23 à 26*, je me résous définitivement à admettre que l'homme n'a de volonté que celle des esprits impurs.

Et si c'est par cet esprit que je dois appréhender les Saintes Ecritures, ce ne peut être que de travers ! L'homme n'a de connaissance que celle que lui fournit Satan sur toutes choses, y compris sur la Bible. Dès lors, la cause est entendue. La conséquence la plus palpable est que l'homme tient la Bible pour un livre religieux. C'est ce que Satan veut que la Bible soit. En effet, maître des déguisements, Satan n'a de pouvoir sur l'homme s'il n'assombrissait pas la Bible de ses ténèbres. La Bible devenant ce qu'elle n'est pas, que deviendrait la prière telle qu'elle en dispose ? Le sens, le profil, le contenu et l'impact de la prière ne seraient-ils pas subséquemment dénaturés ? L'Ecriture rapporte que personne ne connaît les choses de Dieu si ce n'est l'Esprit de Dieu *1 Co. 2. 11 à 12*. Or, personne n'a cet Esprit avant d'avoir résisté à Satan jusqu'au sang, et surtout pas avant d'avoir réussi à lui échapper *Hé. 12. 4 à 5*. Mais la science de la pensée étant restée méconnue dans tous les âges, Satan qui est l'artisan de cette lacune en profite, faisant faire toute sa volonté partout sur la terre subrepticement. Et même lorsqu'il est soupçonné de partout, personne ne sait comment il opère.

Dans cette condition, comment affirmer qu'une prière telle que Dieu la prescrit, s'apparente à ce que je vois faire dans ces synagogues de Satan tenues pour des maisons de Dieu ? Comment affirmer que la prière s'apparente à ce que j'entends raconter dans ces lieux, par tous ceux-là qui prétendent s'adresser à Dieu ? Satan ne peut quand même pas aider l'homme à marcher dans les voies de Dieu ! Ce petit doute peut se révéler suffisant pour le déclic décisif. Alors, le prieur, de par le monde, quelle que puisse être sa religion ou sa secte, est semblable à un otage qui crie dans un désert. Quand il a fini de s'époumoner appelant du secours, il se retrouve seul face à son ravisseur. Qu'aura-t-il de plus à faire ? Continuer à se soumettre aux désidératas de ce dernier et d'éprouver l'angoisse de sa mort certaine. Ainsi va la vie du religieux prieur. Au demeurant, les prétendues prières bénissant telle situation ou exorcisant telle autre, celles à l'endroit des peuples et de leurs dirigeants, etc, sont autant de scénarii comparables à une victime invitant elle-même le criminel à revenir prendre le pouls des horreurs qu'il vient de perpétrer.

Pour s'attirer les faveurs du politique, la religion pose des actes que le Maître de la doctrine qu'elle revendique n'avait jamais posés. La religion s'exhibe en politique là où Jésus conseille qu'il soit rendu à César ce qui lui revient et à Dieu ce qui est le sien *Mt. 22. 21*. Dans ses moyens de séduire le politique, la religion aime à prier pour le peuple et ses dirigeants, allant jusqu'à quémander des ressources financières de l'Etat à cette fin. N'ayant jamais fait cela, Jésus avait au contraire dicté une position dans *Jn. 17. 9*. Ces travers n'auraient jamais été possibles si la doctrine de Jésus n'avait pas été galvaudée au départ et maintenue dans la perversion. On peut alors gentiment attester que ces manifestations auxquelles l'humanité assiste flegmatique, ne sont d'aucune utilité, ni d'aucun impact sur la vie des individus et des peuples croulant sous le joug de Satan.

La prière n'est pas une vaine litanie. Elle est un comportement. Ce que Dieu veut que je sache pour ensuite mettre en pratique se trouve dans la Bible, un support papier ou sur autres supports électroniques, loin de moi. Il faut que je m'en approche d'abord avant toute appréhension. Par contre, ce que Satan veut que je sache pour ensuite accomplir, pénètre en moi systématiquement dès lors que j'ai juste à le copier sur mon semblable. Cela explique en partie l'hégémonie du mal, attendu qu'il s'agit là d'un mode de transmission privilégié dont Dieu aurait voulu être le seul détenteur. Malheureusement, la bonne copie – Jésus - n'était pas à l'origine *1 Co. 15. 45 à 50*. C'est pourquoi la promiscuité dans les assemblées - et c'est d'elle qu'il s'agit - doit être redoutée et striée comme arme stratégique de Satan. En effet, ce que je dois copier sur mon semblable atteint directement et plus rapidement ma calebasse, sans filtrage. Aussi, ai-je vu mes semblables poser des actes dits de prière tous les jours. Des habitudes qui ont traversé les âges et les générations. Des habitudes auxquelles le temps et le nombre de pratiquants ont conféré vérité. Hélas ! L'adage dit que le temps passé dans l'eau par un tronc d'arbre ne le changerait point en crocodile. L'hérésie a la peau très dure, mais la vérité finit toujours par la scléroser. Prier n'a rien en commun avec ce que Satan fait faire à tous dans le royaume qui est le sien. Cela va sans dire. Si nous avons admis que l'homme ne s'auto-conduit pas, mais qu'il est piloté par les esprits, et précisément les esprits impurs, ces derniers ne feront rien faire à l'homme qui soit conforme à la volonté de Dieu ! Il faut s'en convaincre. Aussi, Satan a-t-il fait de la prière un acte conventionnel afin qu'elle soit régie par la règle de vérité des sciences humaines. Il est vrai que les hommes ont convenu entre eux que la vérité de leurs sciences dépende des règles d'usage de symboles conventionnels. C'est à ce principe que Satan tient à soumettre la science de Dieu et sa composante fondamentale qu'est la prière.

Personne, lorsqu'il prie, ne s'adresse à Satan, même lorsque cette prétendue prière intervient en pleine commission du mal. J'ai entendu des prières exécutées aux fins d'endormissement profond de celui que l'on s'en va cambrioler. Je suppose que cette prière, si c'en était une, soit la phase d'implémentation de la pensée qui la porte. La phase de discernement devant nécessairement précéder celle-là, aurait déjà décliné ladite pensée comme étant d'inspiration satanique : vol par effraction. Cependant, faute de connaissance, l'auteur requiert la facilitation de Dieu dans cette aventure-là. C'est toujours à Dieu que toute prière s'adresse.

De même, lorsque je reçois une pensée, laquelle porte l'offre d'installer une épicerie par exemple, aux fins de juguler ma situation de précarité, je la trouve très généreuse et indubitablement d'inspiration divine. Or, de ma vie, je n'avais jamais opéré la mue qui me permettrait de me reconnecter à Dieu, de l'homme adamique que j'étais et demeure. Je ne pouvais donc recevoir de pensées de Lui. J'installe mon épicerie. Mais elle sera la source de mélancolie de toute ma vie. La pensée l'ayant engendrée est de source satanique, quoique noble en apparence. Toute prétendue prière est toujours faite avec une visée positive, quoique le requérant ne sache pas s'immuniser contre la pensée mauvaise. Il se dégage de ces irrationalités, un constat insoupçonné. C'est que l'homme travaille assidument pour Satan, et se tourne presqu'aussitôt vers Dieu pour sa rétribution, Dieu n'ayant aucun intérêt dans la tâche accomplie. L'incongruité de ce scénario établit formellement l'illusion qui berce les serviteurs de Dieu de tout poil et ceux qui tiennent à les écouter. On croit prier, on croit s'adresser à Dieu dans toutes les religions et sectes du monde tandis que les entités d'où partent lesdites prières sont d'initiatives diaboliques.

Dans ces enclosures, on rencontre des agrégés, des docteurs, des ingénieurs, des magistrats et autres intellectuels de moindre cursus de diverses sciences humaines, les sages selon le monde. Pourtant, une perfidie aussi grosse qu'un éléphant reste imperceptible de cette intelligentsia, elle qui symbolise le prestige même de ces cénacles-là. Pourquoi ? La réponse se trouve encore dans la Bible. Lire et surtout comprendre les références qui suivent : *Mt. 11. 25 à 26 ; Ro. 16. 25 à 27 ; 1 Co. 2. 6 à 10 ; Ep. 3. 8 à 12 ; Col. 1. 24 à 29.* Fort de la science cachée dans ces passages, je crois dur comme fer que la religion et la secte, tous ordres confondus, sont arrivées à bout d'échelle.

La prière n'est pas de veines gestuelles, mais un comportement. Si la vie est une succession de pensées exécutées ou refoulées, j'ai abondamment démontré que derrière chacune de ces pensées se trouve un esprit impur. Il en est ainsi depuis l'éviction d'Adam d'Eden. Cette perte de position se rétablirait pour sa descendance, seulement dans le contexte de la grande hardiesse de l'enfant prodigue *Lu. 15. 17 à 24.* Celui-ci retourne en Eden sans tambours ni trompettes, sans sacrifices ni sacrements, sans messes ni prières, mais grâce à une révolution intérieure, que rien de l'extérieur n'est allé suscitée, si ce n'est la misère de sa subordination à Satan. Riches ou pauvres, nous sommes tous misérables aux mains de Satan. Seule la science de Dieu convainc chacun du type de misère dont il s'agit. Et alors, on se prend en dégoût *Ja. 4. 9.* L'absence de Dieu dans notre vie, ou l'illusion d'avoir affaire à lui, c'est cela cette misère. Elle se caractérise par le fait que Dieu n'est pas la source de nos pensées, et qu'ainsi, nos désirs sont toujours contraires aux plans dont il accompagne chacun.

Mais, une fois retourné au bercail, il redevient loisible à l'homme de deviser avec son Père qui, lui aussi s'entretiendrait désormais avec son enfant revenu dans son intimité *Lu. 15. 7.* Me référant à *Mt. 6. 6*, je considère Eden comme cette chambre où Adam et Dieu s'échangeaient des propos. En ayant été renvoyé, Adam est supposé n'avoir plus de contact avec Dieu. Lorsqu'il retourne dans la chambre comme fit l'enfant prodigue, le contact est naturellement remis. Or, l'Eden et cette chambre symbolisent tous les deux le ciboulot de l'homme, comme pour dire que chacun possède sa chambre où il est prévu qu'il rencontre Dieu et parle avec lui. Quitte à l'abandonner dans l'inaccessibilité en demeurant image d'Adam. Quitte à la purifier, en la débarrassant de la présence de Satan comme de ses pensées, la rendant ainsi fréquentable à nouveau de Dieu. J'opère ainsi ma métamorphose, devenant image de Jésus.

Partout autour de moi, j'observe comment Satan fabrique le chrétien et je compare à comment le chrétien devrait se formaliser. Il suffit de prendre son abonnement à une bande quelconque et cela suffit pour se dénommer chrétien, pourvu que la bande porte elle-même une dénomination chrétienne. Les éléments de ce cercle se connaissant, ils forment sans autres exigences, une communauté dite chrétienne, visible et dénombrable. Or, les chrétiens selon la science de Dieu ne se connaissent pas. Ils forment certes une communauté, mais une communauté invisible, virtuelle. Lire et comprendre *Lu. 17. 20 à 21.* Les premiers prient comme indiqué dans *Mt. 6. 5 et 7.* Les seconds trouvent leur schéma de prière dans *Mt. 6. 6.* Les premiers, régis par convention, s'invitent dans des lieux dits de culte et de prière. Et comme je l'avais expliqué, la promiscuité, plutôt propice à l'adoration, ne leur accorde aucun répit de se préfigurer Jésus-Christ comme modèle à copier. Là, ils se copient plutôt à tous les égards, comme le veut la promiscuité.

Les seconds ne se connaissant pas, n'ont de lieu de rencontre avec personne. Leur lieu de culte et de prière est leur cafetière, l'Eden, la chambre où ils échangent avec Dieu. Les chrétiens fabriqués par Satan se prévalent de diplômes, de nombre d'années de formation, de grades et de beaucoup de discriminants hiérarchiques entre eux, tandis que les chrétiens héritiers spirituels sont tous virtuellement égaux. D'autant qu'ils ne se connaissent pas, ils sont tous virtuellement des frères. Les premiers tiennent les fondamentaux de la science de Dieu (naissance, mort et résurrection de Jésus) pour des motifs de fêtes, tandis que les seconds en tiennent la puissance qui les outille et les aguerrit contre Satan. Je ne tarirais pas, à partir de la Bible, d'éléments de comparaison du faux chrétien et de celui repenti.

La prière est un comportement. Ici, mon génie d'artiste écrivain se met en branle pour replacer l'enfant prodigue auprès de son ancien maître dont il élevait les pourceaux. Là, je l'entends prier, demandant une robe, un anneau au doigt, des souliers à ses pieds et une fête en son honneur, sacrifiant le veau gras. Il savait ne pouvoir rien demander de tel à son maître quoiqu'étant à son service. Il s'adressait donc à son Père qu'il savait posséder tout ça, mais dont il était très loin. J'observe que de sa position, il n'avait jamais rien obtenu de ces choses. Voilà une image de **"mourir" tout en priant**. Le jour où il franchit la porte d'Eden, et que son Père l'aperçut, il ne fut pas éconduit, bien au contraire. Une fois dans les bras de son père, il ne formula plus la moindre demande. Il n'eut pas eu besoin d'aubades. Cependant, il reçut intégrale satisfaction de tous ses vœux, quoique vieux de tant de temps. Dès lors, la prière cesse d'être des litanies, encore moins des gestuelles, mais devient un comportement. Lire et comprendre *Mt. 6. 33.* Aussi longtemps qu'il serait resté là-bas, loin de son père, il n'aurait jamais joui de ce bonheur, même s'il multipliait ses goualantes par mille en journée.

Du reste, si prier est synonyme de demander, la prière adressée à Dieu ne s'accommode guère de paroles, ni de gestuelles. Par conséquent, tous les modes de prières rencontrés dans le monde, sans discrimination, deviennent des indices dénonciateurs de fourberies. Et, même si ces prières s'accompagnaient de satisfaction pour leurs auteurs, il n'y a point à attribuer ces faveurs et un merci à Dieu. Satan se déguise en ange de lumière. Ne jamais oublier cela. Alors, se confirment les Ecritures. Tout ce qu'un homme peut posséder dans la méconnaissance de la science de la pensée, (connaissances ou possessions matérielles) provient absolument de Satan. Il avait déclaré à Jésus ainsi qu'il fait avec chacun de nous à chaque instant : "*Je te donnerai toutes ces choses si tu te prosternes et m'adores*" *Mt. 4. 9.* Ceci traduit le leurre de tous ceux qui s'enchantent de leur condition sociale et se désolent de celles qui les entourent comme étant des faveurs et des disgrâces de Dieu. Ils s'exaltent au point de s'amender de messes et prières en guise de remerciements à Dieu. Le cœur meurtri, j'apprends à ceux-là qu'ils font bien de remercier leur vrai donateur en se rendant à l'église. Ils n'ont pas conscience, mais là se trouve effectivement le siège de celui qui les rend si "heureux". En vérité, la vie qu'ils mènent ne mérite guère de recevoir de Dieu plus que les dispensations ordinaires : l'oxygène de l'air, la pluie, le soleil et la nourriture que produit la terre.

Si Jésus n'était pas imbu de la science de la pensée, s'il était stupide et maboul comme nous le sommes tous, il se serait prosterné devant Satan. Il aurait exécuté ses ordres niaisement. Il l'aurait servi comme chacun de nous le sert aujourd'hui, sans même nous en douter. La suite, il serait certainement devenu rupin comme tous les riches de la terre le sont par Satan. En retour bien évidemment, nous n'aurions jamais eu l'opportunité de connaître la science de la pensée, puisque la mission qui permit à l'humanité d'avoir à disposition la grande sagesse aura échoué. Je présume qu'il ne serait même pas retourné vers son Père, car il n'aurait pas accompli sa mission. Or, Jésus retournant au Père, signifie Dieu revenant à lui-même. Ce retour de Jésus à son Père, symbole pour tout homme du retour en Eden ou du revenir à soi, n'est-il pas compromis pour toute l'humanité du fait de son pacte avec Satan ? C'est en étant entrainé à tout ce qui précède que je suis sorti du milieu d'eux, retournant en Eden où je m'enseigne avec beaucoup de plaisir et de bonheur à la science de Dieu *2 Co. 6. 17 à 18.*

Jésus montant au ciel, n'est-ce pas là une preuve factuelle utile à persuader de l'absence de Dieu dans le monde ? Puisqu'il est en sorte la diapo qui projette l'image de sainteté attendue de chaque habitant de la terre, et de tout ce qui s'y rapporte, je présume que chacun devrait pouvoir se rendre auprès du Père dès sa mission terminée. Et le passeport pour le faire devrait se confondre aux propos suivants : "*Je t'ai glorifié sur la terre, j'ai achevé l'œuvre que tu m'as donnée à faire.*" *Jn. 17. 4.* Cette conjecture ne semble-t-elle pas plus proche de la vérité, que l'exécution de rituels tels que les prières, les messes, les offrandes, les sacrements et sacrifices à prix coûtants, pour espérer porter, non pas soi, mais l'autre, auprès de Dieu ? Jésus notre modèle commun n'a été porté par personne. Il s'est porté plutôt. Là encore, je lève un coin de voile sur le fossé entre la science de Dieu et ce que Satan, à travers la religion, tient à faire retenir de la Bible. Replongez dans le Grand Livre. Travaillez-y jusqu'à franchir les portes de l'invisible. Tous ceux qui n'y parviendront pas vivront en rossignols chantant les merveilles de Dieu, mais demeurant toujours dans l'expectative de ses promesses.

La prière est davantage un comportement. En effet, Dieu dit à ceux qui lui restent fidèles : *"Ne leur ressemblez pas, car votre Père sait de quoi vous avez besoin, avant que vous le lui demandez"* *Mt. 6. 8.* Dès que l'homme quitte la houlette des esprits impurs, il se branche d'emblée à la source de l'inspiration éclairée de Dieu, si ce n'est de l'Esprit-Saint qui aura grandi en lui *Ep. 5. 14.* Ses actes et propos sont le reflet de son nouvel instigateur. Il expérimente désormais tout le contraire de la parabole de *Mt. 15. 13* que j'essaie de reformuler comme suit : *"Toute plante qu'a plantée mon Père céleste se développera et essaimera ses merveilleux fruits"*. Aussi devient-il absurde et parfaitement saugrenu de revenir devant Dieu avec une pensée que celui-ci aura été le premier à placer dans mon carafon, en lui ressassant le contenu de la même pensée, suivi de grands gestes, au motif de prier. Cela s'appelle de la psychonévrose ou de la paranoïa.

Pour l'enfant de Dieu rompu à la science de la pensée, voyant s'afficher une pensée dans son ciboulot, une vigilance s'impose. L'Ecriture l'appelle veille, n'ayant rien à voir avec une privation de sommeil. En effet, celui-ci est tenu d'éprouver ladite pensée *1 Jn. 4. 1.* La Bible appelle cet exercice « le discernement » *Pr. 8. 5.* Si à l'issue de cet exercice, ladite pensée se révèle d'émanation satanique, il y a simplement lieu de la déraciner très rapidement. Dans le cas contraire, la pensée que Dieu a placée dans ma cabèche ne servira pas à le harceler. Cela n'aurait aucun sens en termes de prière, car il est écrit que celui qui a commencé l'œuvre, la mènera au bout *Ph. 1. 6.* Tous les anges du Ciel sont mis à contribution pour la concrétisation de toutes les pensées que Dieu aura communiquées à son enfant *Mt. 4. 11.* Ainsi devrait fonctionner chaque vie ici-bas pour prétendre être au service de Dieu. Ce ne sont pas les titres de pape, d'évêque, d'archevêque, de pasteur, de prêtre, d'évangéliste ni aucun des autres qui attestent du service de Dieu ou de la filiation divine.

Quoique la Bible parle de prière tout au long de ses textes, la vie de Jésus n'est-elle pas le seul exemple à internaliser sagement, regardant toutes autres choses comme superfétatoires ? La vie de Jésus-Christ est comme un miroir. Elle est l'étalon *Mt. 5. 48 ; 1 Co. 11. 1 ; Ep. 4. 11 à 15 ; 5. 1 à 2 ; 1 Pi. 2. 21.* Par conséquent, toute la conduite de Jésus-Christ relativement à la prière devient objet de curiosité. D'aucuns me diront : *"Je prie parce que Jésus a prié ou que Dieu a ordonné que je prie"*. Moi, la connaissance m'oblige à me prémunir contre l'imposteur qui cherche constamment à me déstabiliser, en se servant de la même Bible *1 Pi. 5. 8.* D'où la nécessité pour moi d'avoir en ligne de mire le modèle. La vie de l'homme se résume à une confrontation permanente et par ricochet, à une résilience de chaque instant face à Satan. En cela, seul Jésus a réussi et représente, de ce fait même, l'exemple qui s'impose à tous. Ceux qui l'imiteront, armés de la science de la pensée comme lui, "vivront" *Ja. 4. 7.* Mais les gobe-mouches "périront" tous, même en "priant" mille fois par jour *2 Co. 4. 3 à 4.*

Qu'est-ce que donc la prière d'après l'étalon universel, Jésus ? J'observe qu'une fois en situation dans *Mt. 4. 1 à 10*, Jésus n'eut de gestuelles ni de paroles adressées à son Père, encore moins à sa mère. Il n'eut de complaintes en direction de qui que ce soit. Il ne s'est adossé à une quelconque foi. Mais il fit face crânement à l'agresseur étant averti de la nature du combat qu'il avait à mener. Il reçut à l'occasion, de son Père, toutes les répliques appropriées à la mesure de l'attaque subie *Ep. 6. 11 à 12 ; Mt. 10. 19 à 20.* Sa solitude est un facteur essentiel à souligner. Evidemment, dans cette confrontation, Jésus y est allé en tandem avec l'Esprit-Saint *Mt. 4. 1.* Cet Esprit dont chacun porte le germe était si grand, si développé en lui, et ne pouvait l'abandonner à aucun moment. C'est la condition qui suffit à tous pour tout réussir en Dieu et pour tout avoir de lui, sans jamais avoir besoin de se priver d'aliments et de sommeil, de crier, de pleurer, de sauter, de faire le fou pour du néant. Oui, faire le fou pour du néant, parce que ta prière d'aujourd'hui a été la même hier, sera celle de demain, et sera la même à vie. Ce seul scénario confirme parfaitement la stérilité des prières du "chrétien religieux". En effet, je ne renouvelle une demande que lorsque la précédente n'a pas été exaucée. Dans le cas contraire, je suis en proie à une morbidité. Que cette petite logique te fasse douter de tes voies et te fasse admettre que la paix et le bonheur sont en réserve pour tous *Jé. 29. 11 à 14 ; Ps. 127. 1 à 2.* Et n'oublie pas de faire un clin d'œil au chrétien sorti du moule de la science de la pensée. Lui, il veille sur sa calebasse chaque instant de sa vie, où qu'il se trouve sur la terre, sous la terre ou dans les airs, tout en s'occupant de ses activités. Il s'était ainsi comporté hier, il le remettra aujourd'hui, il recommencera demain et pendant le restant de ses jours *1 Pi. 4. 1 à 2.*

Si prier signifie demander avec l'espoir d'obtenir, et que *Mt. 6. 33* lie l'obtention de toute chose à la trouvaille du royaume des cieux, alors prier n'est plus paroles ni gestuelles, mais plutôt une condition à remplir. Par voie de conséquence, la prière ne peut être une entreprise collective. Elle est d'autant intime que ce qui la requiert est unipersonnel, le cadre d'intervention étant la carafe. Chercher premièrement le royaume et la justice de Dieu, c'est retrouver une position qu'on a dû perdre, ou retourner à un endroit d'où l'on avait été sorti. Chercher le royaume et la justice de Dieu signifie que la justice ne se trouve nulle part qu'en cet endroit. Or, ce royaume qui se confond à Eden n'est rien d'autre que la carafe de l'homme. Prier signifie alors revenir à soi-même comme fit l'enfant prodigue. C'est poser un acte unique. Débarrasser la cabèche des impuretés que sont les pensées mauvaises. Voilà le contraste entre la prière selon la science de la pensée et la prière telle que l'humanité l'a apprise de celui qui la conduit.

Si Dieu est unique, la formule pour communiquer avec lui aux fins de lui prendre quoi que ce soit, devrait être la même pour tous les hommes sur la face de la terre. Cette formule ayant divergé avec nos patriarches Abel et Caïn avait produit deux résultats différents, lesquels forcent à l'intangibilité de l'unicité de la prière, comme pour dire que les hommes, des quatre coins du monde, ne doivent avoir deux protocoles différents d'entrer en rapport avec Dieu *Ge. 4. 1 à 5.* La bonne et unique formule qui consiste à revenir à soi-même ne peut diverger d'un homme à un autre. C'est pourquoi *Mt. 6. 9 à 13* consacre ce que doit être la prière, sans jamais insinuer une récitation, mais plutôt une posture clairement définie. "*Voici donc comment vous devez prier*". Pour peu que ces paroles de Dieu s'adressent à l'humanité entière, ils sont suffisamment éloquents comme désignant une manière unique de prier partout sur la terre. Dès lors, le constat du contraire doit pouvoir laisser penser à une hérésie.

C'est pourquoi, quiconque trouve dans l'aphorisme "comment prier" une litanie à réciter, sera semblable à quelqu'un qui s'alimenterait par le fion et qui défèquerait par la margoulette. Il en sera de même pour quiconque s'écarte de l'usage de cette cure de jouvence spirituelle par méprise, pour élaborer ses propres traités en guise de prière. Malheureusement, c'est ce qui remplit l'univers. Cette réalité devrait même suffire à faire accepter que Dieu n'est pas là avec nous.

En tout état de cause, toute attitude qui contrevient au dispositif consacré dans *Mt. 6. 9 à 13* par ignorance ou mépris, se met forcément à la remorque de l'imposture. Ce n'est donc pas étrange que les formules inventées échouent à provoquer les merveilles attendues. Ces échecs entrainent naturellement qu'elles soient reprises et qu'elles échouent à nouveau à satisfaire les attentes *Es. 1. 10 à 17 ; Hé. 9. 8 à 10.* Ces renouvellements qui ne laissent même pas soupçonner des échecs, établissent insidieusement une familiarité pompeusement appelée : rituels. Ces révélations dénoncent sans ambages que personne ne prie sur la terre de Dieu prise en otage par Satan qui administre tout de main de maître, et sournoisement. Et je conclus qu'il n'y a pas pire amertume de vie que de subir les affres de l'existence tout en priant supposément, portant en bandoulière toutes les clés du mystère de la vie selon Dieu.

La prière est un comportement particulier, ponctuel et précis dans la vie de tout homme. Ce comportement acquis, aucun homme n'aura à l'expérimenter une seconde fois dans son existence. C'est aussi vrai qu'aucun homme ne peut se repentir deux fois pendant ses jours ici-bas *Hé. 6. 4 à 6.* Et c'est là ce qu'est la prière selon la science de Dieu, laquelle les hommes tiennent à ramener au rang des sciences humaines avec les tares qui les caractérisent comme des marques de Satan qui les y conduit.

La Parole de Dieu dépourvue de son principe actif, la science de la pensée, est autant inutile que n'importe quelle thérapeutique placebo dont on attendrait efficacité. Les consciences empestent malgré que chaque kilomètre carré de la terre soit accroché d'attributs rappelant vaguement Dieu. Satan ayant nettoyé son aire de la puissance de Dieu, se croit presque certain de rester un nautonier imperturbable. Heureusement, le mensonge n'est pas assez fort pour demeurer éternellement inébranlable.

La Bible n'est pas un livre religieux. Je ne le clamerai jamais assez. Je le réitèrerai à temps et à contre temps. Je le ferai chanter et seriner jusqu'à ce que les élus de Dieu, les prédestinés à accéder à la connaissance découvrent la vérité de la science de Dieu et s'émancipent de la tutelle, de l'assujettissement à Satan *Jn. 17. 6 à 18.* La Bible n'est pas un livre religieux, mais à quoi ressemble-t-elle ? Elle est plutôt la compilation des fondamentaux et des annexes d'une science destinée à encadrer et canaliser chaque vie humaine sur terre *Pr. 22. 17 à 21 ; 2 Pi. 1. 19 à 21.* Cette vocation de la Bible porte à conséquence. Quiconque s'en éloigne pour un motif quelconque, vivra mal et très mal, même au milieu d'une abondance exclamative *Ha. 2. 9. 14.* En effet, il n'accumulerait sa grande fortune que par la ruse et sous la cornette de Satan *Pr. 1. 24 à 32.* Il vivra mal parce qu'il n'aura jamais accédé à la science qui assainit la pensée et qui du coup, assainit tout l'être *Pr. 3. 1 à 8.*

L'homme est le reflet de ses pensées. Malgré l'immutabilité de cette vérité que soutient l'Auteur, je parie qu'il ne sait pas tracer la pensée, pour ce que j'ai lu dans son ouvrage lequel est toutefois séduisant au plan littéraire. L'homme malheureux est le reflet de ses mauvaises pensées dont il ne connaît même pas la provenance. L'homme nominalement heureux n'est lui aussi que le reflet de ses pensées mauvaises, étant frappé de la même cécité que le premier. La différence entre les deux est simplement d'ordre censitaire. Satan accumule des fortunes entre les mains des uns, ceux-ci excitant et finançant les autres à commettre le mal. Ainsi, chacun, de sa position, contribue à promouvoir le mal. L'homme supposément heureux et le malheureux ont tous les deux le même destin, incapables qu'ils sont de tracer la pensée. L'autre marque de similitude de destin des deux est qu'ils éprouvent tous les deux les affres des mêmes maladies, et des mêmes tribulations existentielles. Leur communauté de destin, malgré que l'un se dise être heureux par la grâce de Dieu, se confirme par la révélation contenue dans *2 Co. 11. 13 à 15.* Cette faculté de Satan, confrontée à sa déclaration adressée à Jésus dans *Mt. 4. 9*, fait même entorse au propos de James ALLEN. En effet, l'homme heureux devrait l'être à partir de ses pensées généreuses, lesquelles sont exclusives à Dieu. Mais la nature ambivalente de l'esprit du mal, lui permettant de distribuer malheur et bonheur à loisir, entretient toutes les confusions, toutes les polémiques, toutes les hésitations, essayant même de rendre Dieu coupable tant du bien que du mal, lui aussi.

Si la pensée mauvaise ne fabriquait que des loques humaines, de véritables chiffes à tous points de vue, Satan ne compterait plus aucun affidé sur la terre. Or, c'est aux dépens du mal (Satan) que le bien (Dieu) se maintient et devra se promouvoir comme Dieu l'avait si bien projeté longtemps à l'avance dans *Ex. 9. 13 à 16.* C'est aussi ce que traduit la parabole du bon grain et de l'ivraie *Mt. 13. 27 à 30.* Et pour que le bien sublime toujours dans cette coexistence nécessaire, Dieu nous enseigne sa science, à travers sa Parole tandis que Satan fait office d'examinateur nous mettant constamment à l'épreuve. Par la religion, il nous distrait de la science grâce à laquelle chacun passerait avec brio ses épreuves. Mais à cause des ténèbres qu'il fait régner sur la connaissance, il se dresse comme un épouvantail devant lequel nous échouons tous lamentablement et toutes les fois. Telles les déprimes d'apprenants qui échouent à leurs probations, toutes nos situations existentielles sont les conséquences directes et inévitables de nos échecs face aux tentations de Satan. Cependant, chacun tente d'y voir toujours la main de Dieu.

Que ferais-je lorsqu'étant ainsi vulnérable et ayant à disposition la recette de mon renforcement de capacité, un obstacle s'interposait sur mon chemin ? Dans la nécessité de soigner ma perclusion pour me rendre invulnérable et imperturbable, je braverais cette adversité avec détermination et foi en cet objectif. J'aurais ainsi trouvé la thérapie. Alors se justifie le recours à la Bible. En effet, le recours à la Bible ne sera jamais pour motifs religieux, mais toujours pour aller chercher le principe actif qui est la science de la pensée. Il est avéré qu'aucune science humaine ne peut aider à s'abstenir du mal, ni obliger à faire le bien. Seule la science de la pensée, bien assimilée, rend l'homme capable de rejeter le mal et de choisir le bien *Es. 7. 14 à 16.*

Quiconque ambrasse une science humaine et y persévère, parvient toujours au titre le plus élevé de ladite branche. La science de Dieu, au contraire, n'a jamais livré de maîtres en dehors de Jésus-Christ, malgré la foultitude d'usagers de la Parole de Dieu dans le monde. En effet, en dehors de Jésus-Christ qui ne s'est pas compromis avec le monde et son administrateur, plus aucun homme n'a porté ces galons *Hé. 5. 11 à 14*. Toute sa puissance résidait dans la maîtrise de la science de la pensée, laquelle est méconnue de tous les hommes à cause de la religion et de la secte. A travers lui, la thérapie que constitue la science de Dieu prouve son efficacité telle qu'aucune science humaine ne peut soutenir la comparaison. Elle soigne la raison et le corps comme dit l'adage : "*Un esprit saint dans un corps saint*" *Pr. 3. 1 à 8 ; 4. 20 à 23 ; 3 Jn. 2.* Les échecs, les tribulations et toutes causes de déprime découlent de la disposition du ciboulot à recueillir et exécuter des pensées mauvaises, seules ennemies de chaque vie. C'est pourquoi aucune vie ne devrait s'en accommoder, s'affectionnant aux outils qui permettent qu'il en soit ainsi. *Ph. 4. 8* dit : "*Au reste, frères, que tout ce qui est vrai, tout ce qui est honorable, tout ce qui est juste, tout ce qui est pur, tout ce qui est aimable, tout ce qui mérite l'approbation, ce qui est vertueux et digne de louange, soit l'objet de vos pensées*." Cette thérapie soigne aussi toutes infirmités et maladies que seule l'affinité avec la mauvaise pensée installe en l'homme *Ex. 15. 26 ; 2 Ch. 16. 11 à 14 ; Ps. 103. 3 à 4.*

J'ai pris l'habitude de scruter avec beaucoup de curiosité la vie de tous ceux qui égarent leurs semblables sous diverses appellations flatteuses de serviteurs de Dieu. Le titre de serviteur de Dieu ne devrait pas établir des rapports de classe parmi les hommes. Ce titre devrait faire de quiconque s'en prévaut, un soldat par lequel Dieu prendrait avantage dans son adversité d'avec son compétiteur, Satan. Ce titre devrait faire de celui qui le porte un fac-similé de Jésus-Christ. J'imagine donc le fils de Dieu trainant une maladie au moment où il sillonnait Jérusalem, portant l'évangile de son Père. Combien de personnes l'écouteraient ? Ils seraient la risée des juifs et l'écho de sa doctrine ne serait pas allé bien loin. Nous voici, héritiers de la doctrine de feu qu'elle fut, mais incapables d'incendier la forêt. Bien au contraire, ceux qui prétendent la porter développent les pires affections, vivant cependant au contact de la thérapie universelle. Ils n'ont jamais appréhendé la Bible en ce qui constitue ses fondamentaux *Jé. 8. 7 à 9.* Comment soigneraient-ils quelqu'un spirituellement et par ricochet, corporellement, étant eux-mêmes en proie à la mauvaise santé ? Ils sont malsains dans la chair parce qu'ils le sont dans leurs têtes. Aussi, en lisant *Hé. 13. 7*, je me demande comment j'imiterais la foi de tels hommes.

Je vous raconte une merveilleuse expérience vécue. Mi-février 2020, mon fils descend précipitamment de la Chine où il menait ses études de 3è cycle en diplomatie. Le coronavirus était en plein ravage là-bas. Le Bénin ayant pris des mesures préventives dont l'interdiction des vols en provenance de ce pays comme bien d'autres, son vol atterrit à Lomé au Togo. La suite de son voyage devra se faire par voie terrestre. A la frontière Togo-Bénin, son passeport le dénonce comme en provenance de la Chine. Le système de veille le recueille aussitôt pour un confinement. L'intérêt du récit se trouve ici. Depuis son lieu d'internement, mon fils me raconte qu'il n'arrivait plus à se passer des images du ravage de la tragédie là-bas, en Chine. Il se sentirait menacé quoique n'ayant aucun symptôme du COVID 19. Je lui fis aussitôt un audio dans lequel je lui disais ceci : « Toi et moi avions toujours échangé au sujet de la gestion de la pensée. Et je passais toujours pour l'illuminé. Te voilà en pleine tourmente de ton incapacité à gérer tes pensées. Dieu peut-il te menacer de maladie ? C'est non. Cette pensée ne peut donc venir que de Satan. Simple à discerner. Continuer d'entretenir cette pensée, c'est deviser avec Satan. Et si tu continues, tu développeras le virus tout de suite. Il te reste donc à déraciner cette pensée à la vitesse grand V. Et comment y aller ? En toute hâte, tu vas chercher dans ta Bible, le Psaume 91 et ses 16 versets pour te soigner ».

Quelques heures plus tard, mon fils m'envoie un audio m'annonçant sa libération au mental. Au bout du délai d'internement, il franchit la porte de sa quarantaine. Je tiens à faire noter qu'avoir prescrit un livre de Psaumes à mon fils n'avait rien à cirer avec les superstitions que Satan entretient dans beaucoup de carafons relativement à ce livre. Il y a lieu de retenir plutôt que toutes préoccupations existentielles trouvent sa thérapie dans la Parole de Dieu, dans un livre ou dans un autre. Toutes les solutions y sont préétablies par le Créateur.

Mon fils qui n'avait aucun rapport avec l'une quelconque des religions connues, lui pour qui la Bible n'est même pas une manie, a fait néanmoins une telle démonstration de la fonction thérapeutique de ce Grand Livre qui résiste à toute comparaison, je le réitère. Qu'en serait-il de quelqu'un qui découvre la science de la pensée et s'en frictionne quotidiennement ? L'histoire de santé du Roi Aza dans *2 Ch. 16. 11 à 14*, m'inspire profusément en ces temps de COVID 19. Ce que l'Ecriture déclare laisse entrevoir que le Roi Aza aurait dû guérir de ses souffrances s'il s'était retourné vers Dieu. L'humanité entière admet la brutalité et le caractère exceptionnellement dévastateur d'un virus, lequel s'était déjà révélé une fois en 2003. Néanmoins, il met le monde à genoux en 2020, défiant toute la sagesse que revendiquent les hommes. La remise en cause de l'ordre universel en si peu de temps, le désarroi et l'anxiété suscités par ce virus, un contexte qu'aucune des deux guerres mondiales n'a induit, cette douleur vive dans la chair et dans l'esprit, n'a encore arraché à aucun peuple, la moindre des questions qui vaillent. Elles s'énoncent comme suit *: Dieu ne serait-il pas irrité contre nous au regard des proportions atteintes par le mal sur la terre ? Vivons-nous réellement sous les auspices de celui dont nous sommes tous issus et qui projette la quiétude et le bonheur pour chacun ? Ne nous sommes-nous pas écartés un peu trop loin de ses voies, lui de qui nous tenons pourtant les deux promesses suivantes parmi tant d'autres Deut. 7. 11 à 15 et Jé. 29. 11 à 15* ?

Aucun dirigeant sur la planète n'a subodoré le péché comme cause possible de la pandémie COVID. Evidemment, Dieu seul pouvait émettre une telle pensée dans les calebasses. Malheureusement, les calebasses ne sont pas à sa disposition. Celui qui y a établi son QG est bien Satan qui, lorsqu'il va à droite, clignote à gauche. Lui ne peut révéler à l'homme que le mal qu'il commet est le mobile de ses souffrances ! Or, cette causalité établie, et suivie de supplications comme aveu d'inconduite, suffirait pour que Dieu arrête toutes manifestations du COVID 19 instantanément. Puisqu'une telle posture promettrait contrition, conversion et sagesse. A l'opposé, le cornac des peuples leur donne de trouver le bouc émissaire ailleurs et de se copier sur des attitudes qui les feraient mourir au maximum. Le port de masque, le lavage des mains et la distanciation sociale comme mesures efficaces selon les hommes contre la propagation d'un virus, ces mesures feraient sûrement s'apitoyer le Tout-Puissant quant à la stupidité de peuples aux cous raides. Je l'implore d'avoir simplement à proroger sa patience *Ac. 17. 30 ; Ro. 2. 4*. Et je me demande quelles mesures barrières adopteraient les hommes lorsqu'au lieu de se repentir, leurs folies effrénées décideraient enfin l'Eternel à ordonner, non plus à un virus, mais aux océans d'exterminer les méchantes et perverses espèces que nous sommes tous devenus.

Dans cette détresse que rien ne justifie si ce n'est que la coupe de la colère de Dieu déborde de son trop plein, l'humanité étale la preuve qu'elle n'avait jamais rien eu à cirer avec Dieu. Car, si les peuples subodoraient tant soit peu la mise à mal d'une certaine relation qu'ils auraient avec Dieu, ils auraient dû s'attarder un instant sur l'appréciation de la bonne tenue de cette relation-là dans un péril aussi pulvérulent. Mais rien n'y fit. C'est ce que faisait pourtant le peuple expérimental lorsque des fléaux similaires survenaient, tant ils étaient confiants qu'en étant dans l'obéissance à Dieu, ils étaient toujours en sécurité. Aussi recherchaient-ils sa face après s'en être écartés incidemment, puisqu'ils étaient conscients que leurs malheurs avaient toujours valeur de sanctions. En effet, un peuple acquis à Dieu a la promesse de ne connaître que la paix *Jé. 8. 12 à 22 ; 26. 1 à 9 ; Os. 5. 15 ; Job. 22. 21 à 30.* Si le battage médiatique de tous genres et venant des quatre coins du monde se focalisait sur la dénonciation du mal devenu l'obsession favorite des individus et des peuples, si cet emballement médiatique se concentrait sur l'exhortation à la repentance, je me demande si la sinistrose s'étirerait ainsi dans le temps. Je reste persuadé, que seule la patience de Dieu se confond aux différentes approches qui s'offrent en palliatifs aux diverses crises auxquelles l'humanité s'expose épisodiquement *Ro. 2. 4 ; 2 Pi. 3. 9.* Elle a eu les moyens de contenir la variole, le Sida, la fièvre Ebola, la fièvre Lassa, le Choléra, et j'en oublie. Si aucune de ces calamités n'a suffi à forcer l'humanité à la repentance, l'adage dit ceci : "*Tant va la cruche à l'eau, qu'enfin elle se brise*". Même lorsque COVID 19 aura passé sans plus de périls, chacun devra retenir que la colère de Dieu est une composante de notre existence et qu'elle plane sur l'humanité comme une épée de Damoclès.

Y-a-t-il besoin de photographier notre monde tel qu'il se porte ? Si oui, il se trouve que Dieu accorde le souffle à l'homme, le réveille chaque matin, fait lever son soleil sur lui, lui donne sa pluie et des saisons pour sa nourriture, etc. Mais, du milieu de cette jouissance imméritée, l'homme consacre le clair de son temps à promouvoir l'adversaire de Dieu, à promouvoir le mal au point que c'est plutôt le nom, la volonté et la pseudo-puissance de Satan, dans une exubérance injustifiée, qui remplissent la terre. Voilà notre monde maintenant. Or, c'est exactement pour la déclinaison contraire que Dieu dispose tout pour l'homme et prolonge même sa patience, espérant l'avènement de cet ordre-là *Ex. 9. 15 à 16 ; Es. 45. 5 à 9.* Mais dans cette attente où se trouve le Tout-Puissant, le challenge spirituel continue de demeurer à l'avantage de Satan, du fait que l'homme s'abandonne à celui-ci au contournement d'un évangile travesti, et rendu mollasson *2 Ti. 2. 23 à 26.* L'unique mesure barrière efficace, c'est-à-dire la thérapie irremplaçable face aux tourments existentiels est incontestablement la repentance qui plonge ses racines dans la maîtrise de la science de la pensée.

Il existe de nombreuses personnes qui prétendent être habitées par un esprit puissant et invulnérable. Elles s'exaltent d'être drôlement protégées à chaque menace supposée ou réelle, comme si leur seule déclamation était la formule qui confère puissance à leur esprit, l'esprit germe présent en tous. Toutes les fois qu'il m'est donné l'occasion d'entendre ces bravades vaseuses, je souris toujours et me demande en mon for intérieur, ce qu'a pu faire le plaisantin pour être si sûr de sa protection. La chose est d'autant pitoyable que j'en ai vues qui décèdent de façon ignoble peu de temps après leur hardiesse. J'en ai vues prisonnières de situations parfaitement kafkaïennes, juste au lendemain de l'affirmation de leur foi creuse. Elles auraient bien aimé que l'esprit puissant qui les habite les tînt hors de péril. Mais hélas ! Elles n'avaient jamais rien fait pour porter leur esprit germe à un quelconque développement. Elles ne savaient même pas qu'il y ait quelque chose à faire pour rendre leur esprit puissant en prévision de mauvais jours qui jalonnent le parcours de la vie. Et lorsque le pire survient, il est trop tard. Elles sont déjà au fond du filet du malheur.

Il est à retenir qu'aucun esprit ne devient puissant ex-nihilo. Et s'il venait à le devenir, après que la rançon a été payée, il ne sauvera personne des revers. En effet, dans l'homme, l'esprit puissant joue un seul rôle. Il tue en son tributaire, le mal à la racine. Il combat et tue en lui la pensée du mal. Or, sans pensées mauvaises, pas d'actions mauvaises. Et c'est l'impotence de l'homme à acter le mal qui le tient hors des champs de manifestation du mal. Au total, personne n'a spontanément un esprit fort et invulnérable, capable de le tenir au large, pendant que celui-ci serait apte à diligenter les pensées du mal. C'est simplement irrationnel, voire impossible. La souffrance subie n'est que le revers du mauvais acte que l'esprit germe n'a pu et ne peut empêcher de commettre. On ne peut donc pas être prompt à causer le mal et trouver protection sous un esprit autrement fort, prétendant que l'on serait invulnérable. Autant l'esprit germe ne peut empêcher son titulaire de commettre le mal, autant il ne peut le protéger du mal. Autant l'esprit développé et puissant ne peut laisser son titulaire commettre le mal, autant il ne peut l'abandonner dans la vulnérabilité. Certains vous parleront de loi de cause à effet, sans jamais pouvoir aller plus loin. C'est encore la science de la pensée seule qui permet de donner du contenu à ce phénomène.

Si la Parole de Dieu n'avait pas été dépouillée par Satan de sa science, de ce qui en fait la puissance, elle serait la chose la plus rare sur la terre. Si elle était la toute Puissance Parole originelle, personne ne se mettrait en peine pour que son semblable la découvre. C'est pourquoi le plus précieux des biens que l'argent puisse acheter sur la terre est la Biblė. Une seule Bible vaut plus que tous les métaux précieux réunis dans le sous-sol du globe. Vous conviendrez donc que personne en dehors des géniteurs ne s'empresserait d'offrir une telle richesse à son semblable. Les parents biologiques sont en réalité, les seuls relais naturels de la science de la pensée. Mais, hélas !

Un peuple acquis

Que mon peuple se réconcilie avec Dieu et lui reste un peuple acquis et fidèle, telle est la motivation ayant mis ma plume en marche, décrivant ces kilomètres de lignes *2 Co. 5. 16 à 20*. Seulement, il n'en sera ainsi qu'à deux conditions cumulatives que je me dois d'énoncer ici même. Il s'agira primo, de promouvoir la Bible, jamais plus comme un livre religieux, mais désormais comme les annales de la science de la pensée, si tant il est vrai que chaque béninois vit à l'aune de la pensée *2 R. 23. 1 à 3*. Secundo, il s'agira de travailler à dégraisser le patrimoine commun de mon peuple appelé tradition et culture, des dérèglements qui en font des obstacles à l'acquisition de la science de Dieu. En deux mots, éliminer l'idolâtrie. En effet, autant un peuple ne peut se développer sans sa culture, ni en se fondant sur celle d'un autre peuple, autant il ne le peut en étant un peuple idolâtre. J'ai évoqué de nombreuses preuves qui débusquent l'entité productrice des pensées mauvaises dont celle de l'idolâtrie. L'homme en tant qu'exécutant résigné de la volonté des esprits impurs, crée l'environnement d'idolâtrie, en l'absence de la science de la pensée qui devrait impulser une orientation contraire.

Pour affronter le défi de d'élimination de l'idolâtrie qui constitue un frein spirituel au développement de tous les peuples, l'ultime responsabilité repose sur les épaules de celui que la conscience collective donne pour Chef à chaque peuple *Ro. 13. 1 à 2*. A ce propos, j'observe que dans Israël et dans Juda du temps des Rois, tous les souverains qui étaient entrés en guerre contre l'idolâtrie de Baal par respect pour la dignité et l'autorité de l'Eternel sur leurs royaumes, n'essuyaient jamais de conflits de nulle part, mais connaissaient plutôt une paix profonde et durable. A contrario, tous les rois qui s'accommodaient d'une forme quelconque d'idolâtrie, voyaient leurs royaumes attaqués, battus, pillés et amputés de larges pans de territoire. La paix et la guerre s'alternaient donc selon que les rois suivaient ou non les voies de Dieu. S'en informer plus amplement dans les livres suivants : I Rois, II Rois, I Chroniques et II Chroniques.

Le niveau atteint par l'idolâtrie du peuple béninois est effroyable d'autant que cette posture nous réserve de très mauvais jours si nous n'y étions depuis. Les sanctions de Dieu étant immanentes, il s'impose à notre Chef de sortir le peuple de cette vieillerie afin qu'il ne lui arrive d'avoir à affronter la colère de Dieu. Coïncidence heureuse ou malheureuse, je n'en sais rien. Mais, j'ai l'opportunité d'écrire cet ouvrage au moment où une pandémie dite de COVID 19 dictait sa loi à l'humanité entière, réduisant la force en faiblesse, l'orgueil en humiliation, la hardiesse en pusillanimité, mettant l'homme à sa vraie place relativement à l'hyperpuissance de Dieu. Si cette pandémie était un dessein arrêté de nettoyer la gent humaine de la surface de la terre, l'idolâtrie de quel peuple serait à même d'en arrêter le cours ? L'épouvante manifeste de tous les berceaux de l'idolâtrie que sont les religions endogènes et importées de par le monde, et dont les seigneurs seraient des répondants de Dieu ici-bas, nous fournit la réponse. Eux qui devraient être des apporteurs de solutions en de pareilles circonstances, se sont retrouvés dans la même débandade que leurs ouailles et tous les autres, partout sur la terre. Le Pape ne s'est pas fait prier pour vider le palais papal à Rome pour son pays d'origine à cause du ravage du COVID 19 en Italie. Les religieux prétendent connaître Dieu. Ils prétendent le professer. Ils prétendent le représenter. Ces mêmes prétentions, Jésus les a portées à un moment donné sur ces mêmes terres. Mais Jésus n'eut pas les mêmes attitudes en cas de péril de ses ouailles. Il sauva Pierre lorsque, marchant sur les eaux en sa direction, celui-ci se mit en difficulté. Jésus n'avait pas pris la frousse comme Pierre *Mt. 14. 26 à 31.* Cette pandémie met plutôt en évidence la pantalonnade qui caractérise tous ceux qui revendiquent le service de Dieu ici-bas. Lire et comprendre *Jn. 10. 1 à 15.* Elle étale aussi l'inanité de tout ce en quoi nous nous confions en invoquant nos cultures et traditions.

C'est pourquoi, les meilleurs programmes d'assainissement du cadre de vie, de l'économie, de tous les segments de notre vivre ensemble tourneraient en des efforts vains s'ils ne sont accompagnés de l'assainissement de la conscience humaine. C'est l'ultime travail qui valoriserait tous les autres par son impact implémentant Dieu activement et non verbeusement dans toutes nos actions. Ceux à qui le corps social croyait naïvement confier la tâche de reformatage des consciences sont tous des mercenaires et des brigands. Ce sont des ouvriers de Satan qui s'ignorent. Il n'existe aucune nuance entre religion, tradition, culture et coutume. Ce sont des terminologies redondantes. Croire que l'homme se reformate au contact d'instruments de Satan que sont ces concepts portant en eux les germes de la rébellion contre Dieu, c'est encore là l'une des mille et une hérésies qui bercent l'humanité. L'exemple venant toujours d'en haut, le plus élevé parmi nous est le seul investi spirituellement de reformater les consciences. Cette vocation porte à conséquence. Le plus élevé parmi nous a-t-il la tête du bon berger ? S'il nous mène par la connaissance, nous aurons la paix. S'il nous conduit par les ténèbres de l'ignorance, nous essuierons tous ensemble la colère de Dieu comme c'est déjà le cas d'ailleurs *Ro. 2. 4 à 8.*

C'est en vertu de cette haute responsabilité jamais soupçonnée par un plus élevé dans le monde, responsabilité utilisée inconsciemment au profit de l'adversaire de Dieu, qu'un ancien Chef de mon peuple a cru devoir instituer le **"10 Janvier"**[α], journée du culte vaudou, au motif qu'il promeut la culture, la tradition et la coutume de son peuple. « *Mon peuple est détruit parce qu'il lui manque la connaissance…* » *Os. 4. 6.* Faute de connaissance de la science de Dieu dont la colonne porteuse est le discernement, ce Chef ne savait pas qu'il menait ainsi son peuple dans les cloaques de l'idolâtrie et donc à la colère de Dieu. Il perdit subséquemment son deuxième mandat à l'époque, mais le mal était déjà fait. Je suis presque certain qu'il n'aura jamais établi le lien entre ces évènements. Si nous étions en Israël du temps des Rois, c'est de la même prérogative qu'userait un nouveau Chef pour décourager l'idolâtrie, en faisant abroger l'acte qui consacra le "**10 Janvier**" pour célébrer Satan. Si l'acte initial avait appelé la colère de Dieu comme je le disais supra, son abrogation devrait apaiser cette colère-là *Ex. 32. 1 à 14*. Que l'expérience faite par Dieu en Israël, laquelle est d'ailleurs destinée à la copie de tous les peuples du monde, s'implémente au Bénin, mettrait forcément la joie au Ciel pour ce petit pays *Lu. 15. 7*. La laïcité de l'Etat béninois, consacrée par la Constitution qu'il s'est librement donnée, suffit à justifier ce rétropédalage qui élèverait spirituellement le peuple, le rapprochant tant soit peu de Dieu. C'aura été une preuve de sagesse, non pas la sagesse de Satan, mais celle de Dieu et aussi un premier pas des nombreux autres à faire.

Le Chef ne doit se porter garant d'aucune des idolâtries entretenues au sein de son peuple, s'il se préoccupait de le conduire à la lumière de la science de la pensée. L'idolâtrie importée de Rome et vulgarisée par des assemblées dites chrétiennes, et toutes leurs activités sur le territoire, devraient être proscrites. Celle qui a immigré de l'Arabie Saoudite devrait connaître le même sort *1 Co. 5. 9 à 13 ; 10. 1 à 11*. La liberté de croyance consacrée par les constitutions des peuples est déjà un piège de Satan, l'expression de comment ce dernier régente toute chose ici-bas, et très insidieusement. Un peuple acquis à Dieu ne peut s'accommoder de ces déguisements Sataniques ad vitam aeternam. Lorsque la lumière jaillit après un long moment de désagrément causé par l'obscurité, tout le monde applaudit. C'est la dernière révolution que le monde entier attend de mon peuple qui a la réputation établie de mettre le pied à l'étrier à tous les peuples en bien des domaines.

A défaut de censurer ces idolâtries importées et la nôtre propre, le Chef doit s'abstenir de les promouvoir, de les soutenir, à tout le moins. Car, en réalité, de quoi s'agit-il ? Il s'agit de ce que le Chef ne répondra pas devant Dieu du nombre d'écoles, de centres de santé, de kilomètres de route construits ! Dieu n'a envoyé personne sur terre pour un motif préfigurant un tel bilan. Pour chacun de nous, le bilan à déposer aux pieds du Créateur sera relatif à sa résilience personnelle face à Satan. Et pour tous ceux qui auront le privilège de se retrouver à conduire des peuples, leur contribution à la formation d'une résilience collective est exigible. Le Chef aura donc à répondre de lui et de tous ceux dont il eut la charge, ayant été à la tête de son peuple *Jn. 6. 39 ; 17. 6 et 12.*

Ainsi, l'euphémisme qui me fait parler de non promotion des idolâtries à défaut de leur censure, est lié beaucoup plus à la méconnaissance supposée de la science de la pensée par le Chef lui-même qu'à autre chose. S'il possédait cette science, laquelle procure forcément le plus grand outil de lutte contre Satan qu'est le discernement, il débarrasserait son peuple de toutes idolâtries tout en menant une politique culturelle rayonnante de par le monde. Les représailles éventuelles, susceptibles de réfréner une telle entreprise trouveraient leurs répliques dans l'assistance que Dieu lui-même apporte toujours lorsque prévaut la préoccupation de lui plaire plutôt que de vouloir plaire aux hommes *Ga. 1. 10 ; Ac. 4. 18 à 22 ; 5. 27 à 29.*

Une communauté dont tous les membres tiennent leurs pensées de Satan n'a de développement qu'un simulacre d'épanouissement bâti sur du sable, sans fondement *Mt. 7. 24 à 27.* Une petite expression de la colère de Dieu, du genre COVID 19, suffit à faire tomber tout l'édifice. L'humanité est en train de faire cette amère expérience sans cependant soupçonner une quelconque corrélation du rapport humain à Dieu dans ce qui lui arrive. Autrement, les réactions ne seraient jamais les mêmes. C'est pourquoi dans mon livre intitulé (*La recherche de Dieu en butte à l'imposture des religions et sectes*), j'exhortais déjà les élites béninoises, africaines et du monde à internaliser la science de Dieu. En effet, il n'y a selon cette science que deux catégories d'hommes susceptibles de conduire l'individu et le peuple. Si ces personnes restent étrangères à la science de la pensée, comme c'est le cas dans toutes les nations, les individus et les peuples sont voués à l'errance en connaissance, pour finir dans la perdition *Ep. 4. 10 à 16.*

Il y a selon *Ex. 12. 23 à 28 ; Deut. 4. 9 ; 6. 6 à 25*, les géniteurs, le noyau de la cellule familiale de laquelle chacun est censé prendre le relai, soit de l'idolâtrie, soit de la connaissance de Dieu. Il y a ensuite selon *Ro. 13. 1 à 2*, le premier Chef qu'un peuple se donne et subsidiairement ceux que ce dernier appelle à sa suite pour accomplir sa charge avec lui *No. 11. 16 à 17.* Ces personnes ont naturellement le profil de berger et d'édificateur de l'homme, charge pour laquelle la maîtrise de la science de la pensée est une exigence absolue. Lire et comprendre *1 R. 3. 5 à 14.* Malheureusement, tous les pères et toutes les mères étant pris au piège de Satan depuis la chute d'Adam, la transmission intergénérationnelle n'a guère été la science de Dieu, mais la corruption qu'Adam légua à toutes les générations successives jusqu'à la nôtre. L'étymologie des mots tradition, culture et coutume traduit assez bien cet héritage, puisque je ne connais aucun peuple qui n'ait pour ascendance originelle Adam.

Aujourd'hui donc, prétendre assainir la conscience humaine en s'appuyant sur la cellule familiale, c'est se donner des repères tronqués. Rechercher cette même réhabilitation à travers celui le plus élevé parmi nous, c'est autant se tromper. Seulement, ce dernier moyen a l'avantage de converger beaucoup de regards vers un seul point, ce qui porte à nécessité. Le Chef a l'obligation de se connecter à Dieu et à sa science, de se réconcilier avec lui le premier, d'ennemi qu'il était comme tous, afin de pouvoir conduire le peuple dont il prend la charge, comme le Roi Salomon. Je souhaite donc vivement que le Chef de mon peuple soit à l'image de ces rois qui s'inscrivirent dans les voies de Dieu. Qu'il se mette dans la peau de l'Apôtre Pierre par exemple. Jésus recommandait à ce dernier : "...*Quand tu seras revenu, affermis tes frères."* *Lu. 22. 31 à 32.* *"…M'aimes-tu plus que ne m'aiment ceux-ci ? Pais mes brebis…"* *Jn. 21. 15 à 17.*

En dehors de ces deux types de personnes citées supra, plus aucun homme sur la terre n'est investi par Dieu du devoir, encore moins du pouvoir de conduire son semblable. Ces personnes, il est vrai, n'avaient jamais entrepris d'assumer cette charge, faute de le savoir. Cette lacune ne saurait justifier que des usurpateurs et des imposteurs les suppléent. D'ailleurs, comment Dieu confierait-il à des idolâtres qui s'ignorent, d'avoir à conduire son peuple, dès lors que toutes les religions de par le monde sont pour chacune d'elles une forme d'idolâtrie particulière à une nation *1 Ch. 16. 26* ? Ils ne mèneront personne de ceux qui les écoutent à comprendre le fonctionnement de l'homme, puisqu'eux-mêmes ne peuvent expliquer comment ils sont devenus des chantres des religions, ni comment ils s'y maintiennent.

Identifiez l'idolâtrie à une seule chose. Elle établit toujours un homme pour maître, le gourou. Trouvez en cela le premier indice idolâtre de toutes les religions : le Pape à la tête de l'idolâtrie romaine ; le Chef suprême vaudou à la tête de l'idolâtrie africaine voire béninoise ; le Rabbin à la tête de l'idolâtrie juive ; le Bouddha à la tête de l'idolâtrie indienne ; un certain Mahomet à la tête de l'idolâtrie saoudienne ; etc). Tous ces cloisonnements d'animisme résistent à Dieu qui invite l'humanité entière à sa science, lui donnant pour maître absolu Jésus-Christ, le seul à qui sied ce titre et pour cause. Il a été et demeure le seul homme qu'a porté la terre et qui répond de la maîtrise de la science de la pensée *Mt. 23. 7 à 10 ; Jn. 13. 12 à 17.* Aucun de ces gourous ne savait d'où lui furent venues les pensées qu'il contribua à répandre. Ils ne connaissaient pas celui qu'ils servaient et continuent de servir. On ne devient pas enfant de Dieu, ni serviteur de celui-ci en se dévouant pour la religion d'un peuple donné. Cela reviendrait à dire que Dieu est ordonnateur de toutes les religions quelles qu'elles soient. Une déraison assez répandue en effet !

Certains Rois d'Israël et de Juda, certains Apôtres aussi, avaient eu le mérite d'avoir combattu l'idolâtrie des peuples au mépris de leur vie, préservant les voies de Dieu, en temps favorable ou non. Je pétitionne que le Chef de mon peuple imite ceux-ci. Qu'il s'attaque à éradiquer ces fléaux qui ne disent pas leurs noms. Que l'idolâtrie héritée de la rébellion de nos ancêtres vis-à-vis de Dieu, idolâtrie que nous tenons aveuglement à perpétuer au nom de traditions et cultures, soit nettoyée. Que celles importées des peuples d'ailleurs, soient balayées pour faire place à Dieu dans les cerveaux. Cette ambition est motivée par la nécessité d'éloigner de nous le spectre de la colère de celui qui nous a créés, non pour ça, mais pour que nous le servions *Am. 2. 4 à 5.* Au cas où l'audace de s'y frotter, comme dans les exemples précités, viendrait à manquer, il y a néanmoins un fléau dérivé qui nécessite d'être ébranlé sur ses fondements apparemment immuables. Il s'agit de l'arnaque multiséculaire que les imposteurs avaient édulcorée en offrande à Dieu pour déplumer des peuples assis dans les ténèbres. Il fait partie du devoir du Chef d'anticiper sur toutes situations d'insécurité, de gangstérisme et d'atteinte aux intérêts de ses concitoyens et d'y opposer les ripostes subséquentes en vue de leur protection à tous les égards.

J'ai vécu l'affaire ICC, dénomination collée à une rocambolesque escroquerie financière orchestrée sous le règne d'un Chef de mon peuple. J'ai vu les débuts, le déroulé et l'épilogue de cette affaire. Cette association de malfaiteurs a trouvé son confort en milieu religieux. Ce scandale crapuleux n'aurait jamais pu se commettre sans le laxisme du Chef que mon peuple s'est donné. Ce que je dénonce ici est plus scabreux et plus fâcheux que cette canaillerie-là. En effet, en ne fournissant rien au peuple qui soit de Dieu, ni de sa science, rien qui soit susceptible d'affranchir l'individu et le peuple de la servitude de Satan – car c'est de cela qu'il s'agit – il est inadmissible que la vente de boniments procure ces fortunes ramassées goulument sur mes concitoyens. Ah ! Si le Chef était un sachant de la science de Dieu ! Les vrais serviteurs de Dieu que j'ai cités supra n'auraient jamais abandonné leurs peuples à une telle rapine sur fond de séduction et d'usurpation. Ce n'est simplement pas possible.

C'est pourquoi, en se munissant de l'ordre divin, le Chef devra censurer tout rapport à l'argent dans toutes les activités des religions et sectes, et de façon plus drastique chez celles estampillées chrétiennes, à défaut de supprimer lesdites activités elles-mêmes, d'autant qu'il est écrit : "*Vous avez reçu gratuitement, donnez gratuitement*" *Mt. 10. 8.* C'est cela l'ordre divin. Les authentiques serviteurs de Dieu avaient scrupuleusement respecté cet ordre-là *1 Co. 9. 18 ; 2 Co. 12. 14 à 18 ; 1 Ti. 6. 4 à 6.* Je fais observer que l'homme, s'il devait hériter la science de la pensée d'un cédant naturel comme son père et sa mère ou du Chef du peuple auquel il appartient, ne verserait un kopeck à ces personnes-là. Et si les cédants naturels n'assument pas leur devoir faute de connaissance, ce ne sont pas des usurpateurs qui résorberaient la faillite.

Ainsi bardé de la vérité de Dieu, le Chef n'aura plus l'excuse de devoir continuer à fermer les yeux sur cette escroquerie savante jamais soupçonnée comme telle. Je parie qu'à la suite de la prise d'un édit portant une telle censure que j'appelle de tous mes vœux, les synagogues fermeraient les unes après les autres, comme pour confirmer que seule la collecte d'argent facile était le mobile de leur activisme. Le peuple ne s'en porterait que mieux financièrement.

Et qui sait si ce sera le moment idéal pour le peuple de revisiter la pertinence ou non de son rapport à Dieu ? Dès cet instant, il devient probable qu'un nouvel ordre de recherche de Dieu se mette en piste. Et ce sera tant mieux. De toutes les façons, l'argent, à lui seul suffit à démontrer l'immoralité et l'impéritie du christianisme malfaisant qui cancérise l'humanité. C'est d'ailleurs le lieu d'avertir qu'aucune connaissance véritable ne se divulgue contre la monnaie. Elle se cherche avec la contrainte de passer toutes les épreuves qui l'empêchaient de se retrouver dans la rue, à la portée de tous.

Un peuple qui se prédispose pour Dieu ne peut se contenter d'un évangile ayant servi à le coloniser, à le dogmatiser, à l'abêtir, à le piller, à l'appauvrir dans la chair après l'avoir rendu une cire molle spirituelle. Au-delà de la cause que cet évangile avait servie dans les siècles passés, laquelle trahit son originalité, il y a que son contenu et l'organisation structurelle qui l'entourent, le mettent en porte-à-faux avec le référentiel dont il s'ennoblit : la Bible. En effet, seriner à l'homme toutes les qualités de Dieu, lui ressasser tout le répertoire des recommandations de celui-ci et lui rappeler à la seconde près tout ce que Dieu attend de lui, l'exhorter à prier, à jeûner, à lire la Bible, etc. c'est lui communiquer jobardise et balourdise, faiblesse et vulnérabilité, pour sa perdition inévitable.

C'est pourquoi je traite d'ignorants les donneurs de leçons et les porteurs de formules perfectionnistes. Ils ne sont pas plus que des clowns. S'ils savaient que l'homme fonctionne à la dictée, et qu'eux-mêmes ne disent et ne font que ce qui leur est donné de dire et de faire à un moment M, ils comprendraient la vanité de leurs arguments modélisateurs. Mais par contre, révéler à l'homme la science de la pensée qui est l'essence de la Parole de Dieu, c'est lui communiquer puissance et sagesse, résilience et salut *1 Co. 2. 1 à 10*. C'est ce qui manque aux discoureurs pour qu'après leurs beaux sermons, on les retrouve dans les liens du mal, impuissants et honteux. Posez la question aux prêtres et évêques romains convaincus de pédophilie et ou d'homosexualité. Ils ne peuvent expliquer comment ils se compromettent dans ces gadoues. Ils ne connaissent pas la science de la pensée pour maîtriser la carte d'identité de la pensée.

Au total, l'activisme des religions et sectes est une véritable entreprise de gruge usant de séduction pour mobiliser des moyens colossaux aux fins de se perpétuer. Si cette fascination du peuple au nez et à la barbe du Chef ne soulève pas sa colère, je crains qu'un jour, la colère de Dieu supplée à la sienne, et alors tant pis ! Pour que cela n'arrive pas, à défaut de censurer vertement les diverses idolâtries officiant au sein de mon peuple, il faut les asphyxier financièrement et les priver de tous les honneurs par lesquels leurs tenants et aboutissants se mettent en évidence dans le peuple. Ils ne le méritent nullement.

Certes, des voix s'élèveraient de partout pour retoquer ce qu'elles tiendraient pour une agression contre l'œuvre de Dieu. Nous serons là pour leur demander s'ils ont reçu mandat pour se faire avocats de Dieu *Jg. 6. 25 à 31*. Nous serons prêts à aider ceux-là à découvrir leur propre ignorance et pour leur ôter les œillères qui provoquent leurs illusions. Une chose essentielle aura été acquise. Le peuple aura été libéré des formes déguisées de traite teintées de servilité où la dignité de l'homme est ramenée à la botte de gangsters se proclamant pompeusement chrétiens. Le peuple aura été affranchi d'escroqueries multiséculaires jamais suspectées comme telles et restées non punissables et impunies au nom de Dieu, lui qui continue de ronger le frein de sa colère. Je vous en supplie, élites de mon peuple, d'Afrique et du monde, réconciliez-vous avec Dieu et avec sa science. Vous aurez pour avantage d'avoir à diriger à terme, des peuples acquis à Dieu. Imaginez-vous à la tête de peuples dont tous les sujets, ou à tout le moins la majorité des sujets, tiendraient leurs pensées de Dieu, plutôt que de Satan. Une telle expérience ne vaut-elle pas la peine d'être menée ? Alors, allons-y !

Demander à son semblable de renoncer à un mauvais comportement et toutes les exhortations similaires dignes des moralisateurs, et autres perfectionnistes, c'est tenir l'homme pour auteur des pensées qui sous-tendent ses actes reprochables ou non. C'est de l'analphabétisme spirituel. Le moralisateur lui-même ne fait qu'exécuter des ordres, ignorant que tout homme fonctionne comme une marionnette. Il se retrouvera bientôt dans les liens des défauts qu'il retoquait tantôt, dès qu'il plaira à Satan de lui confier les mêmes missions.

J'ai exposé supra comment la Bible proscrit et combat la religion là où celle-ci tient à adosser son ministère idolâtre à la grande boussole de la vie. J'ai présenté la Bible comme le seul livre au monde à avoir exposé le concept de la pensée, démontrant, justifiant et exhortant à l'usage de celle-ci pour aiguiller la gent humaine sur le chemin de la vie. Du coup, la Bible résistera à sa dénature, défendra son véritable statut de livre unique, de vade-mecum, de guide de chaque vie ici-bas. Par ces rappels, je crois pouvoir enlever à tous, tout motif de continuer à détester et à rejeter ce livre irremplaçable. Réunir les ressources permettant de percer le secret de la Bible, c'est déjà s'engager sur le chemin de retour en Eden où deux missions vitales attendent l'homme réconcilié avec Dieu : cultiver et garder le jardin *Ge. 2. 8 et 15* : "*L'Eternel Dieu prit l'homme, et le plaça dans le jardin d'Eden pour le cultiver et pour le garder*". Ces deux activités symbolisent deux fonctions existentielles que le développement personnel permet à l'homme de cerner et d'assumer.

- **Cultiver le jardin d'Eden** est un symbole définissant que l'homme tirerait de son ciboulot, l'ensemble des dispensations concourant à son bonheur, son harmonie et sa paix ici-bas *Es. 1. 18 à 20 ; Jé. 29. 11*. Ces dispensations ne feraient jamais défaut en Eden. Mais elles manqueraient drastiquement hors d'Eden. La promesse de Dieu est ferme qu'il en soit ainsi *Ps. 127. 1 à 2*.
- **Garder le jardin d'Eden** est aussi un symbole, lequel donne à retenir que ce lieu, placé sous le contrôle de l'homme, ne devra être investi par aucune espèce prédatrice susceptible de compromettre les plans qui y sont établis pour lui.

Adam naturel n'ayant pas acquis les ressources qui lui permettraient d'assurer la garde du jardin d'Eden subséquemment à l'attaque qui menace ce lieu, il l'a bel et bien laissé investir par l'indésirable. La conséquence est qu'Adam perd l'autorité sur le jardin, perdant par voie de conséquence, la possibilité de le cultiver, s'étant retrouvé hors de là. Le retour glorieux d'Adam devenu spirituel est le seul gage de retrouver les deux prérogatives perdues *1 Co. 15. 45 à 50*. Ces analyses d'ordre hautement spirituel pourraient ne pas être assez bien accessibles. Or, mon but est de faire passer l'homme des ténèbres à la lumière, de la puissance de Satan à celle de Dieu, même si je dois paraître prétentieux pour beaucoup *Ac. 26. 16 à 18 ; 2 Ti. 2. 24 à 26*. La clef de cette hardiesse n'est pas de l'Auteur. Elle est cachée dans la repentance qui ouvre les portes de la connaissance. Avec la repentance, quiconque commence par voir toutes choses comme je les vois, avec les yeux de l'intérieur. En interpelant les moralisateurs, les discoureurs et autres précepteurs, les prétendus maîtres et coachs par qui l'humanité s'éveille à la notion dite de développement personnel, c'est pour mettre en évidence le caractère pernicieux des supposées connaissances qu'ils prétendent apporter à cette humanité.

Comme toute personne ignorante et curieuse de découvrir de choses nouvelles et structurantes pour elle, le concept du développement personnel m'a paru digne d'intérêt. Selon ce concept, l'homme serait porteur d'une puissance, d'un pouvoir par lequel il pourrait se réaliser en concrétisant ses rêves les plus fous. Or, tout rêve est d'abord une pensée. Porter son rêve à la réalité, c'est exécuter un ensemble de pensées. Mes investigations en vue d'appréhender la capacité que je porterais sans le savoir, de porter mes rêves à exécution, m'ont porté à découvrir de nombreux ouvrages dont les titrages sont évidemment évocateurs :

- Le pouvoir de la pensée constructive
- Si Dieu existe, pourquoi le mal ?
- Réaliser ses rêves : la loi de l'attraction
- L'homme est le reflet de ses pensées
- Père riche, père pauvre
- La richesse c'est moi, c'est toi et moi
- Le pouvoir est en vous
- Je suis une créature merveilleuse
- La puissance du pardon Etc.

Je pourrais allonger ce listing à loisir. Cette somme de recherche ajoutée aux "sciences" rassemblées ici et là à l'écoute des médiums classiques, m'ont fourni un premier aperçu. C'est que la manifestation de la puissance intérieure devient réalité dès que j'aurais défini un besoin et que j'aurais formé un désir ardent de réaliser ce besoin. La réunion de ces deux influx de pensée déclencherait le pouvoir intérieur, si je puis ainsi résumer les connaissances disséminées par ces "sachants". Définir un besoin est le fait d'une pensée. Former un désir de réaliser ce besoin est une pensée. Mes insatisfactions se multiplièrent par plusieurs. De mes investigations, je n'ai jamais lu ni entendu présenter la genèse de cette puissance intérieure, à quoi elle ressemblerait, l'état des lieux ayant provoqué le soupçon de son existence, les démarches ayant conduit à sa découverte, la posture de l'homme au départ de son développement, comment ce développement se manifeste. Rien de tout ceci avant que le pouvoir intérieur accomplisse toute la volonté de l'homme. Et l'ambiguïté la plus préoccupante est que malgré ces nombreuses lacunes de diagnostic, malgré aussi la disparité d'approches de tous ces maîtres et coachs, quant à la mise en route de ce pouvoir, le résultat attendu de l'application des nombreuses règles recommandées, est invariablement un enrichissement matériel inexorable. Jamais, je n'ai lu ni entendu deux de ces précepteurs s'affronter sur une même méthode, en train de se contredire ou de s'approuver. Autant de maîtres, autant d'approches, mais le même résultat. Ce constat m'avait paru très suspect. Et si le flot de pensées à bichonner jusqu'à la réalité de mon projet étaient inspirées par Satan ?

Alors, s'est mise en branle ma curiosité pour la Bible dont j'avais une vue religieuse comme tout le monde, quoiqu'étant déjà très dubitatif sur cette vocation universellement établie. En effet, de nombreux passages de ce livre m'avaient déjà fortement alerté sur la malhabilité de l'homme à jouer les cicérones pour son semblable. Il fallait que j'aie réponse à chacune des préoccupations soulevées et à deux autres telles que : l'intérêt de la vulgarisation du concept de développement personnel et celui à qui profite cet activisme ? Une hypothèse s'est imposée à mon observation. Je me préfigure dix médecins d'origines différentes chargés de s'occuper de dix patients atteints d'une pathologie qu'on appellerait développement personnel. Je présume que les dix médecins relèveraient sûrement les mêmes symptômes, qu'ils poseraient sans doute les mêmes diagnostics et qu'ils appliqueraient probablement des protocoles de traitement similaires. Il en serait ainsi pour la simple raison que la communauté scientifique aurait élaboré un référentiel universellement admis et relatif à une telle pathologie. Le développement personnel est un besoin à impact universel comme toute affection est sans frontière, mais avec deux nuances que ce concept est d'ordre spirituel et qu'il ne relève d'aucune science humaine. Ceci explique d'ailleurs que je me sois rabattu sur la Bible en tant qu'unique protocole de traitement du spirituel, pour vérifier l'authenticité du concept de développement personnel. Je puis faire la confidence que cette démarche a été le déclic de ma nouvelle marche spirituelle, loin de la religion.

Commençant par l'existence effective ou non d'une puissance intérieure, je découvre que l'homme est une espèce comparable à toutes les espèces que Dieu a créées en ce qu'il porte lui aussi un germe selon *Za. 6. 12.* Nul ne doute de la présence en chaque espèce d'un germe dont la vocation est de reproduire l'espèce. Ce principe voudrait que le germe présent en l'homme reproduise un homme nouveau *Ep. 4. 20 à 24 ; Col. 3. 9 à 10.* Je découvrais déjà là que la faculté de l'homme de se développer spirituellement réside en lui et ne saurait donc dépendre de quelqu'un hors de lui. La Bible parle d'Adam comme d'un homme naturel ou terrestre *1 Co. 15. 44 à 50.* Il portait un nom appelé : Homme-germe ou Esprit de Dieu *Ja. 4. 5.* La présence en lui de ce germe, autorise à affirmer l'existence effective en l'homme d'une puissance intérieure.

En quoi ce germe représente-t-il une puissance ? Il n'y a pas à chercher trop loin. Je me résous à observer les autres espèces créées par Dieu, dont un grain de maïs par exemple dans son développement, pour comprendre la manifestation de la puissance d'un germe. Dans des conditions appropriées, le petit grain de maïs démontre qu'il portait en son sein et malgré sa petite taille, une tige d'environ trois mètres de haut, beaucoup de feuilles, beaucoup de racines, beaucoup de fleurs et un à trois épis parfois. Avant d'avoir assisté à cette démonstration, personne n'a soupçonné le petit grain d'un tel potentiel. Voilà la manifestation de la puissance interne au grain de maïs, aussi appelée développement personnel, parce que concernant un seul grain. Une poule qui picorerait le petit grain de maïs en une fraction de seconde, aurait-elle le geste aussi facile face au même grain ayant exprimé le potentiel qu'il renferme et décrit supra ? Je laisse la question en suspens par nécessité de fixation sur l'intérêt qu'elle projette. Quel type de résilience, le développement de la puissance intérieure de l'homme, lui procurerait-il ?

Le germe de l'homme n'étant pas celui d'un maïs, ne peut reproduire que l'espèce dont il porte le nom : Homme-germe ou Esprit de Dieu. Pour cela, il faut que les conditions idoines soient réunies, celles appropriées au développement du germe humain.

Ainsi que des maïs en poquet n'ont jamais pu exprimer leurs potentiels, la promiscuité, les assemblées, les activités concertées ne peuvent jamais faire partie des conditions d'expression de la puissance intérieure de l'homme. Or, ce sont là les caractéristiques qui fondent les religions et sectes. Et je fais observer que c'est seulement à la suite de cette démonstration que le fac-similé de Jésus, ou le sosie de l'Esprit-Saint fera son apparition dans le monde comme le résultat du développement personnel du porteur du germe. Il y a donc dans la religion, comme un handicap sérieux au développement spirituel de l'homme, malgré la disponibilité de la terre et de l'eau, c'est-à-dire la calebasse et la Parole de Dieu. Comme un grain de maïs semé isolément arrive toujours aisément à bout de son développement - les conditions de terre et d'eau étant réunies par ailleurs - l'homme aussi devient une espèce bien aboutie, munie de la faculté d'engendrer spirituellement *Lu. 24. 49 ; Ac. 1. 8 ; 2 Co. 4. 7 ; Ga. 4. 19.* En effet, chaque grain issu de l'épi développé porte un germe prêt à renouveler l'espèce.

Continuant mes investigations concernant l'état des lieux qui a pu donner l'alerte de l'existence d'une certaine puissance en l'homme, je découvre dans la Bible une contradiction effroyable. Les magisters du développement personnel travaillent pour l'enrichissement matériel comme pour affirmer que l'état des lieux qui commandait leur activisme était un paupérisme généralisé sur la terre. Pendant ce temps, l'Ecriture révèle que l'humanité périt parce qu'il lui manque la connaissance *Os. 4. 6.* Les enjeux paraissent ne pas être conciliants à mon sens. Le développement personnel selon les affidés de Satan procure l'enrichissement matériel, un enjeu d'ordre charnel tandis que le même concept fait acquérir la connaissance selon la science de Dieu. Le clou de la contradiction est ici. Par rapport à la richesse, voici ce qu'affirme le code de la vie : "*Ne te tourmente pas pour t'enrichir, n'y applique pas ton intelligence*" *Pr. 23. 4* et *1 Ti. 6. 9 à 10.* Ces conseils de Dieu ne signifient nullement que la richesse matérielle soit incompatible avec sa science. Tant s'en faut. Lire et comprendre *Mt. 6. 33* ; *Ps. 127. 1 à 2.*

Sur la terre, aucun écrit en dehors de la Bible n'aborde, à l'intérieur de ses pages, les moindres bribes d'informations relativement à la puissance intérieure de l'homme et au développement personnel de celui-ci. Il n'y en a aucun auquel on pourrait confronter les ergotages de ces savants sortis de nulle part. Satan ayant fait le vide autour du Grand Livre par mille astuces, a réussi à résoudre l'homme à vivre avec sa puissance intérieure, comme un oiseau posé sur un fil électrique. Cet oiseau en effet, ignore totalement l'existence sous ses pattes, d'un flux intense d'énergie. Et pour continuer de brouiller toutes les pistes de mise en évidence et d'utilisation à bon escient de cette puissance, l'artisan s'empresse de faire accroire à tous qu'il existe en chacun une puissance à vocation de l'enrichir. Une puissance qu'il n'a pas besoin de connaître forcément, pourvu qu'il soit riche. Ainsi, s'assure-t-il que toutes curiosités qui se manifesteraient relativement au concept de développement personnel soient distraites, vite emballées dans une course à l'enrichissement, et déviées de l'essentiel *1 Ti. 6. 9.*

Pour sécuriser la fixation, les ministres de Satan parlent d'eux-mêmes comme étant des produits du grand savoir qu'ils répandent. Ils exhibent des fortunes acquises en temps record et presque du néant, pour preuve de l'efficience du respect scrupuleux d'innombrables règles à exécuter tant en paroles qu'en gestuelles. Ils ne peuvent soupçonner que leur fortune soit la rançon de la mission de sape qu'ils accomplissent. Ils n'y subodorent pas l'appât de leur maintien dans la dévotion aux esprits impurs. Ils se flattent de grande connaissance, tandis que leur job même atteste le manque de la connaissance qui vaille. Lire et comprendre *Mt. 4. 8 à 10.* Dès lors, plus personne ne sera dupe de celui à qui profite la vulgarisation du concept de développement personnel hors de son unique champ référentiel, la Bible.

Satan sait mieux que quiconque, que le seul moyen de se réconcilier avec Dieu réside dans l'éveil du pouvoir intérieur, phénomène appelé développement personnel. Du coup, il ne permettra jamais que ce concept se mette sereinement au service de l'humanité. Dans une opération de fuite en avant, il croit devoir empoisonner le concept avant que Dieu le fasse éclater pour la révolution du salut. En effet, les religions et sectes sont arrivées en bout de chaine quant à leurs missions déguisées. En prévision de cette échéance imminente, Satan croit devoir prendre de l'avance en donnant une orientation charnelle à ce concept. Ainsi, lorsque l'assaut final de Dieu sera lancé, les hostilités se confronteraient à un double courant d'opinions. Les mêmes tiraillements qui avaient toujours régné autour de la Parole de Dieu ressurgiraient pour alimenter des clivages au sujet du concept. En devançant Dieu dans la vulgarisation de la notion du développement personnel, et en orientant l'humanité à l'appréhender par le prisme de l'enrichissement matériel, Satan expose l'une des nombreuses facettes que revêt le challenge des esprits dans le dirigisme de l'humanité.

Dans les chapitres précédents, j'ai longuement démontré la place de la science de la pensée, dans la vie de chaque individu ici-bas. La non maîtrise de cette science traduisant que l'on soit incontestablement nourri aux pensées par Satan, je veux tirer la conclusion que quiconque s'enrichit d'une manière ou d'une autre, avant d'avoir été maître de cette science, est un instrument d'honneur de Satan. Un tel n'a pas à se bercer d'avoir connu un développement personnel qui serait le résultat de l'éveil de son pouvoir intérieur. Sa richesse ou sa confortable situation sociale serait plutôt la récompense de sa loyauté à Satan et en même temps un appât à vocation de le maintenir durablement fidèle à celui-ci. En effet, visiblement, il ne se pose à un riche aucun problème susceptible de remettre sa vie en question *Ja. 5. 1 à 6.*

Le développement personnel selon l'Ecriture, c'est le germe de la puissance intérieure en mode croissance. Sa finalité est de procurer la maturité pour une gestion optimale de la pensée. Elle procure la maîtrise à discerner le bien et le mal. Elle aguerrit dans la capacité à rejeter la pensée du mal et à cultiver celle du bien *Es. 7. 14 à 16 ; 2 Co. 4. 16 ; Col. 3. 9 à 10.* Là, se mettent en évidence les deux fonctions existentielles de l'homme, à savoir garder et cultiver son jardin.

La fuite en avant de Satan me rappelle l'activisme funeste du Roi Hérode lorsqu'il apprit qu'un Roi était né à Bethlehem *Mt. 2. 6 à 16.* En tuant tous les enfants de moins de deux ans, Hérode croyait en finir avec Jésus naissant. Je crains pour Satan de connaître le même fiasco que le Roi Hérode, voulant tuer le concept du développement personnel dans l'œuf. Le concept est désormais une réalité dans le monde, même s'il y est introduit par la touche satanique. Il reste simplement à travailler à le dépouiller des oripeaux dont Satan tient à le revêtir et à ramener la puissance intérieure de l'homme dans sa fonction originelle.

A l'intérieur de la terre et dans une condition d'humidité requise, le grain de maïs est assuré de renouveler son espèce. L'homme aussi, pour perpétuer l'espèce qu'il incarne a besoin d'une terre et de l'eau pour développer tout le potentiel qui sommeille en lui. Cette terre, c'est le carafon débarrassé des pensées mauvaises. Cette eau, c'est la Parole de Dieu à l'état pur, celle qui ne s'est accommodée d'aucune interprétation humaine.

L'Ecriture rapporte : "*Ceux qui conduisent ce peuple l'égarent. Et ceux qui se laissent conduire se perdent*" *Es. 9. 15*. Lire aussi *1 Jn. 2. 26 à 27*. Nous avons démontré dans le chapitre précédent que l'homme porte en lui une puissance. Cette puissance était à l'origine, dans une posture de faiblesse. C'est cette faiblesse qui a coûté à Adam de succomber à la volonté de Satan, même si c'était par Eve que Satan l'avait atteint. Cette faiblesse justifiait le développement nécessaire qui permettrait à ladite puissance de se révéler dans sa dimension d'omnipotence établie. J'avais largement exposé les conditions de ce développement dans mon ouvrage intitulé (*La recherche de Dieu en butte à l'imposture des religions et sectes*). Cependant, elles méritent d'être reprises, même sommairement.

La puissance est en nous. Le pouvoir est en chacun. Mais il est sous forme de germe, donc vulnérable. La seule possibilité pour l'homme de tirer parti de cette puissance virtuelle est de placer le germe qui l'incarne dans les conditions favorables à son développement, et qu'il se développe effectivement. Ces conditions ne sont pas nombreuses. Elles sont deux cumulatives. Une bonne terre et de l'eau. A quoi s'identifient ces deux choses ? Parlons-en.

- **La bonne terre** : Il ne s'agit pas de la terre organique que nous foulons. Cette terre emblématique s'appelle le jardin d'Eden, l'unique terre dédiée au développement du germe présent en chacun, lequel rappelle la notion de puissance. Je ne soulignerai jamais assez que ce jardin mythique symbolise la cafetière de l'homme en tant que siège de la pensée. L'éloignement d'Adam de ce jardin exprime l'indisponibilité évidente de la terre ainsi décrite. En effet, l'éviction d'Adam du jardin d'Eden est synonyme de souillure du ciboulot par des pensées impures. Partir d'Eden signifie donc que l'homme a abandonné derrière lui la terre sur laquelle son développement a des garanties de s'opérer. Que lui reste-t-il à faire ? Revenir sur ses pas, retourner dans ce lieu s'il tient au développement du germe présent en lui *Jé. 8. 4 à 6 ; Mal. 3. 7*. Le seul mot qui désigne cette attitude dans la Bible s'appelle : la REPENTANCE. Elle signifie à la fois revenir à Dieu ou revenir à soi-même. Or, ce qui a éloigné Adam d'Eden c'est d'avoir exécuté des ordres venus de Satan déguisé en serpent. L'exercice qui consistera à ne plus recevoir et exécuter des pensées de Satan ne peut s'accommoder de camaraderie, attendu qu'il s'agit d'un exercice unipersonnel. En effet, l'échec d'Adam ayant été consommé personnellement, son rétablissement ne saurait s'opérer collectivement. Sa chute ayant été consommée sans l'intervention de tiers, son rétablissement ne saurait s'opérer par l'entremise d'une assemblée. Au regard de ce qui précède, la bonne terre revient simplement à un ciboulot débarrassé de pensées négatives.

- **L'eau** : Il suffit de voir comme le jardin d'Eden est arrosé pour comprendre que là, sont véritablement réunies toutes les conditions pour l'éclosion et le développement harmonieux de ce germe présent en l'homme *Ge. 2. 10 à 14*. Or, l'eau est le symbole de la Parole de Dieu contenue dans la Bible, et jamais celle prononcée par la bouche de notre semblable *Es. 55. 1 ; Jn. 7. 37 à 39 ; 1 Co. 10. 1 à 4*. Imaginez une cabèche irriguée par la Parole de Dieu autant que le Jardin d'Eden est irrigué ! Il est évident pour tous que personne n'a aidé Dieu à installer le réseau d'eau existant en Eden. C'est pourquoi, personne ne l'aidera à établir sa Parole en quelqu'un. C'est aussi pourquoi, la condition pour comprendre cette Parole est indépendante de toute activité humaine *Ac. 17. 24 à 25*. En effet, la repentance ouvre instantanément l'intelligence qui appréhende les Saintes Ecritures *De. 30. 11 à 15 ; Hé. 8. 11 ; Ga. 1. 15 à 24*.

Ainsi, la Parole de Dieu, la pure, au contact d'une carafe repentant enclenche l'éclosion et l'évolution de l'esprit germe vers l'expression de la plénitude de son potentiel *1 Pi. 2. 1 à 5*.

Le retour en Eden, autrement dit, la repentance, en combinaison avec une Parole de Dieu non frelatée, est comparable à un test d'entrer dans une Grande Ecole. L'école ici, c'est là où on apprend à se rendre maître des esprits, d'esclave que l'on était de ces mêmes esprits. Cette école n'est pas à confondre avec une institution d'hommes. C'est plutôt la tête que chacun porte sur son cou. C'est là le temple de Dieu. Se rendre maître des esprits, c'est se rendre maître de la pensée. C'est maîtriser le discernement *Pr. 8. 5*. Pour en arriver là, il faut tout connaître de la pensée, à savoir : sa source, son mode d'existence, son interactivité avec l'homme, les conséquences de ce rapport, sa puissance, sa faiblesse, sa mort aussi. S'agissant de l'épreuve que doit subir le candidat à l'entrée dans cette école, la présence des chérubins à l'entrée du jardin d'Eden reste un symbole parlant. Adam qui avait une fois séjourné dans ce lieu s'était fait virer par capitulation devant Satan. Pendant son séjour dehors, il avait été abreuvé aux pensées mauvaises, lesquelles n'ont aucune place en Eden. Il appert qu'à son retour, Adam montre pattes blanches avant d'accéder. C'est ici le synonyme de la repentance obligatoire *Ge. 3. 24*.

La formation à laquelle le postulant aspire est de devenir Adam spirituel, incapable d'enfreindre les moindres dispositions divines (lois, recommandations et préceptes). Montrer pattes blanches à l'entrée d'Eden signifie être disposé à observer rigoureuse de la loi divine. Cela s'analyse comme une prédisposition à la formation en vue *Mt. 5. 17 ; Ga. 3. 23 à 24 ; 4. 1 à 2*. S'il s'agissait d'une formation en l'une quelconque des sciences humaines, je parlerais de pré-qualification. Savoir s'abstenir quand la Parole de Dieu interdit et savoir s'obliger lorsqu'elle ordonne. Ce sont là les critères d'accès à mon école imaginaire.

Dans l'école qui accueille l'aspirant spirituel, il n'y a que la loi partout. Jésus disait : "*Ne croyez pas que je sois venu pour abolir la loi ou les prophètes ; je suis venu non pour abolir, mais pour accomplir*". Si le maître de la science dans laquelle je désire me spécialiser parle ainsi, cela tire à conséquence. Un imitateur de Jésus-Christ devrait donc savoir et aimer accomplir la loi comme une exigence spirituelle d'étape vers son développement personnel, synonyme de l'avènement de la foi *Ga. 3. 23 à 24 ; 4. 1 à 2.* "*Avant que la foi vienne, nous étions enfermés sous la garde de la loi, en vue de la foi qui devra être révélée. Ainsi, la loi a été comme un précepteur pour nous conduire à Christ, afin que nous soyons justifiés par la foi.*" Avant que la Bible commence par s'entrouvrir sur les premiers labyrinthes concernant la pensée, voilà la condition d'austérité que l'observance stricte et obligatoire de la loi impose à l'apprenant volontaire, solitaire et libre que je suis. Personne ne m'oblige. En l'absence de cet impératif, pas d'accès à cette école virtuelle.

Une fois à l'intérieur, comme étant admis à mon probatoire, les premiers rudiments sur la pensée commencent par conforter mon ciboulot dans les épreuves encourues pendant la transition. Ces rudiments installent résolument dans ma calebasse que toute pensée portant à acter un interdit de la Parole de Dieu est une pensée mauvaise, négative. Le discernement me notifie l'origine d'une telle pensée. Le rejet de son exécution reste une autre paire de manche. De même, il s'ancre solidement dans ma tête qu'une pensée m'interdisant d'acter une ordonnance de Dieu est une pensée négative venant de la même source. La bobèche devient progressivement prégnante comme une terre inexploitable au départ deviendrait fertile et productive.

Progressivement, les modules successifs livrés par la Bible façonnent ma cabèche sur la conduite à tenir face à chaque pensée identifiée sous telle facture ou telle autre. Peu à peu, l'étudiant solitaire acquiert tout le savoir sur la pensée puis obtient son parchemin virtuel de commandeur des pensées, donc des esprits *Mc. 1. 27 à 28.* Dans cette école, un seul ouvrage reste au programme : la Bible *Jos. 1. 8 ; 1 Pi. 1. 19 à 21.* Dans cette école, un seul instructeur officie : l'Esprit-Saint *Jn. 14. 26 ; 1 Jn. 2. 27.* Là, dans cette école, jamais deux apprenants ne sont admis simultanément aux mêmes modules *Ro. 14. 12 ; 1 Co. 12. 1 à 11.* Cet aspect rend naturellement la promiscuité nocive.

Au demeurant, avec le cursus du développement personnel ainsi acquis, loin des considérations se telle obédience ou de telle autre, je fais tout ce que je veux de ma vie, avec une grande maîtrise du cours que je désire imprimer à celle-ci, y compris m'enrichir ou m'appauvrir. Pour un étudiant qui arrive patiemment au bout, sa vie se passera inexorablement dans la positivité. Car je suis presque certain que personne ne voudrait s'accommoder de pensées qu'il détecterait comme venant de Satan. L'esprit germe devenu adulte et puissant, capable de discerner, ne jouerait jamais le complice avec des pensées négatives. Il s'occupe à les éliminer plutôt. C'est une telle posture que j'appelais supra, l'accréditation pour la vie, aux fins de pouvoir assumer l'intérim de Dieu ici-bas. C'est pourquoi j'interpelle tous les discoureurs sur la notion de positivité à faire gaffe. En vérité, vous parlez de chose que vous ignorez littéralement *1 Ti. 1. 6 à 7.*

Une remarque extraordinairement édifiante de l'Ecriture pourrait définitivement convaincre les derniers sceptiques sur le caractère éminemment individuel de l'activité spirituelle. Les irréductibles de la religion et de la secte ne pouvant comprendre le risque gravissime qu'ils prennent, pourraient se raviser. La remarque concerne Adam et Eve. A la faillite d'Adam, faillite dont la cause était plutôt Eve, la sanction semblait ne concerner qu'Adam seul. Il aurait pu bénéficier de circonstances atténuantes. Mais hélas ! Dieu nous fait la démonstration de la dureté de la loi, de son caractère intransigeant, quels que puissent être les motifs et les circonstances de sa transgression. La loi tue toujours celui à qui elle est donnée et jamais un autre *Ro. 7. 7 à 11*. La loi avait été donnée à Adam pendant qu'Eve n'était pas encore à ses côtés. Comme à Adam, la loi est donnée à l'humanité entière. C'est pourquoi Dieu l'exhorte à passer de la loi à la foi afin de vivre par elle *Ga. 3. 22 à 23*. Or, la foi ne signifie guère la croyance en tout ce qui courtise l'attention. Il s'agit de la foi en Jésus-Christ, en ce que cette foi tire à conséquence. Elle entraîne à tirer profit de la vie de celui-ci comme l'unique modèle à copier. Tous ceux qui aiment et croient en Cristiano Ronaldo et en Lionel Messi, cherchent à les imiter par le port de maillots à leurs estampes pour les uns. Pour d'autres qui le peuvent encore, ils cherchent à les imiter dans leurs touches du ballon de foot.

Rappelant *Mt. 5. 17*, je prouve que le monde entier est sous la loi. Par conséquent, *Ro. 7. 7 à 11* place chacun dans l'antichambre de la mort. La mort étant une épreuve personnelle, tout moyen de lui résister serait aussi individuel. La maîtrise de la science de Dieu étant l'unique moyen d'échapper à la mort, toute démarche en vue de posséder cette science devra être aussi personnelle. C'est du syllogisme. Personne ne pouvant observer la loi pour le compte de son semblable, personne ne servirait non plus de fusible pour éviter à son semblable les conséquences de la transgression dont il se rendrait coupable. Au total, personne ne peut mourir pour le compte de son semblable. Si le développement personnel ainsi renseigné, permet de contourner la loi, et donc de vivre, cela ne peut être qu'un exercice personnel. Et si chacun s'y appliquait, loin des religions et sectes, évitant ainsi les dribles de Satan colportées par ces institutions, le monde se débarrasserait très vite de toutes les interférences perturbatrices de l'ordre. Satan casserait de se servir de nous comme d'un chèque à blanc. Le règne du mal se ramollirait par enchantement.

C'est pour une existence globalement ravissante qu'en très grand pédagogue, Jésus a livré à l'homme tout le secret du processus menant à prendre le commandement sur les esprits (les pensées) *1 Co. 14. 32 à 33*. Or, la loi induit toujours une pensée, celle portant l'obligation de faire ou l'interdiction de faire. Seulement, l'homme, fait à l'image de Dieu, n'admet guère recevoir d'ordres *Col. 2. 20 à 23*. Dieu ne reçoit d'ordres de personne *Es. 45. 11 ; Ro. 11. 33 à 36 ; 1 Co. 2. 15 à 16*. C'est pourquoi, jeune ou vieux, l'homme développe toujours une propension à résister à la loi, comme pour affirmer la nature qu'il incarne, qu'il en soit conscient ou pas. Cette dispensation était seulement utile pour prémunir l'homme des velléités d'entrainement de son semblable. Mais Satan, en s'assignant le destin de l'humanité, créa les rapports de force avec pour conséquence immédiate que l'heureuse dispensation se retourne plutôt contre les conseils de Dieu.

Es. 45. 9 ? Comment rétablir cette grande faculté dans ses fonctions normales ? Ce fut l'unique démonstration qui explique le passage de Jésus dans notre monde. Mais pour les hommes, Jésus passait pour un donneur d'ordres qui voudrait qu'on le suive. Et cela, l'homme ne peut le concevoir. En effet, la leçon à retenir de l'œuvre de Jésus-Christ est que l'homme n'avait à suivre son semblable dans aucune de ses voies, mais qu'il avait plutôt à exécuter les prescriptions de Dieu, sa volonté, exclusivement et intégralement. C'est pourquoi Jésus n'avait de cesse de dire aux hommes qu'il n'était pas lui, un homme, mais qu'il était plutôt fils de Dieu, qu'il était Dieu. Mais hélas ! Cette subtilité est traduite dans de nombreux passages dont voici quelques-unes : *Jé. 17. 4 à 6 ; Jn. 17. 4 ; Ph. 2. 5 à 8.*

Au décompte de l'œuvre accomplie, Jésus fait observer que la faculté de commandeur des esprits (pensées) est irréductible de la repentance. C'est pourquoi il est allé lui-même requérir cette repentance auprès de celui qui en était le chantre en ce moment *Mt. 3. 13 à 15.* Je ne dirai jamais assez que la repentance soit pour l'homme brut, aspirant à devenir homme spirituel, ce qu'une bonne terre représente pour une graine saine. Jésus sortant du baptême de Jean était comme une graine au contact d'une bonne terre. Reste pour lui le processus de son développement. Exactement comme la graine placée dans la solitude, sous terre, en milieu hostile, Jésus se retrouve seul dans un "désert" pour travailler à son développement. Et ce ne fut qu'une démarche destinée à notre éducation spirituelle. Pendant quarante jours et quarante nuits, Jésus s'aguerrit pour affronter les vicissitudes de la vie ici-bas, sachant préalablement qu'un certain Satan s'évertuerait à compromettre sa mission par tous les moyens. Aucun de nous n'a entamé son expérience de la vie avec une telle crainte chevillée au corps. Cela n'est pas dans l'héritage de l'humanité.

Se retrouver au désert, c'est se retrouver dans une situation telle que s'il survenait un péril, il n'y aurait aucun secours à espérer. La cabèche est cet endroit où le péril à redouter est la pensée émise par Satan, laquelle peut être bonne en apparence ou carrément mauvaise. C'est dans cet isolement où personne d'autre que soi ne peut soupçonner la lutte à laquelle l'homme est confronté, qu'il devra se débattre et vaincre ou périr. Or, comme Jésus, chacun doit se rendre capable de toujours prendre le dessus dans cette confrontation qui se passe loin de tout regard, loin de tout soupçon extérieur. Les armes dites défensives et offensives que Jésus avait utilisées sont les mêmes mises à la disposition de tous par la même Bible et partout sur la terre *2 Co. 6. 4 à 7 ; 10. 3 à 5 ; Ep. 6. 11 à 17.*

Je peux donc présumer que pendant ce laps de temps passé dans la solitude, Jésus soit allé apprendre à connaître ces armes et surtout leur manipulation. C'est le temps du développement personnel, de la maturation de l'homme spirituel devenu. Nul ne devient homme spirituel deux fois dans sa vie. Si c'était possible, notre mentor nous en aurait donné des preuves, allant lui-même plusieurs fois à cette quarantaine. Mais une religion se vantant d'être chrétienne vous exhortera à un réveil spirituel par semaine, mois ou trimestre d'où les abonnés reviennent comme ils s'y sont rendus, s'ils ne sont pas allés en rajouter à la coupe de la colère de Dieu. A tout le moins, cette perpétuation atteste que les réveils précédents n'avaient pas opéré la mue visée. C'est de même que tous les rendez-vous qui suivront n'apporteront rien aux tributaires. Cette routine est manifestement la preuve de l'incompatibilité de la religion avec la science de Dieu, science dont la colonne porteuse s'appelle la repentance. Or, nul ne se repentira deux fois dans sa vie *Hé. 5. 4 à 6*.

Lorsque survint l'attaque de celui que Jésus s'était préparé à affronter, je découvre la nature des armes qu'il utilisa. A chaque coup de boutoir de l'ennemi, Jésus opposait une partie appropriée de la Parole de son Père, notre Père *Mt. 4. 1 à 10*. Battu et humilié, Satan abdique, remettant les hostilités à plus tard *Lu. 4. 13*. Ce duel renseigne que Jésus et Satan se sont affrontés à coups de versets bibliques. Les prétendus chrétiens et autres serviteurs de Dieu doivent retenir de cette expérience que la maîtrise et la manipulation aisée de la Parole de Dieu ne confère à personne ces qualifications-là. Autrement, Satan serait appelé chrétien et serviteur de Dieu avant eux. Maintenant, dans un combat où les belligérants utilisent les mêmes types d'armes, l'abondance, voire la surabondance de ces armes d'un côté serait sûrement déterminante pour l'issue finale *Ep. 3. 16 à 19 ; 5. 18 à 20 ; Ph. 1. 9 à 11 ; Col. 1. 9 à 11*. Mais encore faut-il le rappeler, ce combat ne sera jamais à mon avantage tant que je n'aurais pas transité par le moule de la repentance qui est l'antichambre où l'on se prépare à ce combat-là. Une conclusion se dégage. Aucun moyen ne sera trop grand ni trop petit pour posséder le contenu de la Bible comme un récipient cerne son contenu. Connaître la Bible du bout des doigts est une exigence existentielle s'il est vrai que vivre ou plutôt vivre heureux signifie battre Satan par la Parole de Dieu sur chaque pensée, seconde après seconde, tous les jours et toute la vie *Jos. 1. 8 ; 1 Pi. 3. 10 à 12*.

Que la Bible se retrouve au service de la religion, c'est le comble de l'imposture. C'est de l'abomination. C'est un crime contre l'humanité. Et quand le religieux se proclame chrétien, je pense à un garçon de salle qui se prévaudrait du titre de chirurgien. La dextérité de Satan à faire avaler de si grosses couleuvres à l'humanité est terrifiante. La religion se rendant pédagogue de la Bible comme un profane en médecine se rendrait maître du bistouri est effroyable. Il va sans dire que tous ceux qui passeraient par les mains de ce pseudo chirurgien périraient irrésistiblement. Et c'est le sort de toute l'humanité, du moins spirituellement *1 Ch. 16. 26*. Or, la loi universelle voudrait que le spirituel détermine le naturel, et jamais le contraire.

J'ai vu dans mon pays, un Président de la République sortant remettre à son successeur une Bible. Tous les Présidents des Etats-Unis d'Amérique prêtent serment, la main gauche posée sur la Bible. Ce sont autant d'images dignes d'hommes appelés à la charge de nautonier des peuples. En effet, ces images semblent confirmer que la responsabilité de diriger un peuple relève de l'ordre divin. On devrait légitimement s'attendre à ce que le pouvoir ainsi dévolu soit exécuté en s'inspirant de toute la volonté de Dieu. Malheureusement, ces images hautement honorables sont produites par des hommes qui ne sont pas eux-mêmes prédisposés à servir Dieu. Toute leur vie durant jusqu'à l'heure de prendre ces responsabilités, ils avaient été au service du maître du monde. Ils avaient été tous des idolâtres des cheveux aux ongles, tous étrangers à la science de la pensée.

La Bible n'ayant pas sa place dans les églises et temples, je la veux de plus en plus entre les mains de nos dirigeants. Ils devraient être les utilisateurs privilégiés de l'incunable. Car c'est à eux qu'il revient de conduire les peuples. Ils devraient pouvoir conduire ces peuples dans les voies de Dieu. Quelle richesse pour l'humanité qu'ils soient les premiers à découvrir la thématique centrale de ce Livre ? La Bible devrait être pour eux ce que furent les prophètes auprès des rois en Israël et dans Juda. La science de la pensée qui est l'essence divine leur fournirait le discernement. Ils sauraient discerner toutes pensées introduites dans leurs calebasses. Ils sauraient déraciner celles portant les empreintes de Satan. De même, ils sauraient identifier nettement toutes pensées positionnées en eux par Dieu. Ils sauraient cultiver celles-ci pour le bonheur de leurs peuples et le leur propre. Cet éclairage incombait aux prophètes qui étaient les bouches de Dieu auprès des rois. Sur un autre plan, la Bible doit cesser d'être le recueil de belles citations destinées à meubler les discours improvisés ou prédéfinis. Elle n'est pas faite pour ça.

Du haut de l'autorité que je tiens de Dieu comme chacun des milliards d'habitants de la terre d'ailleurs, je pétitionne qu'il soit tout mis en œuvre par qui de droit, pour délester la religion du Grand Livre, comme un père arracherait une lame de rasoir des mains d'un tout petit enfant. La Bible n'a rien à faire dans les synagogues de

Satan. Dans ces cénacles, personne ne découvrira jamais les mystères ni la puissance du Dieu Créateur. Dans ces ensembles constitués, Satan s'évertue insidieusement tous les jours à rendre la Parole de Dieu méconnaissable et mollasson. Par ce travail, je m'adresse aux religieux qui le sont devenus par défaut, car il y en a qui le sont par prédestination. La capacité, voire la facilité à faire usage des versets bibliques n'est pas un quitus de la connaissance de Dieu. Mais la maîtrise de la science de la pensée est tout. A tous ceux qui ne sont pas des prédestinés à la perdition, mais que la marée de l'ignorance universelle entraine ensemble avec les espèces naturelles de cet écosystème spirituel, libérez-vous du carcan de la simple connaissance de la Bible comme une attestation justifiant de la jouissance des grâces de Dieu ici-bas. Satan qui connaît mieux la Bible que vous ; lui qui connaît la science de la pensée que vous, vous méconnaissez totalement, ne peut jamais jouir des grâces de Dieu. Malgré toutes les connaissances qu'il a de Dieu, il est et demeurera ennemi de Dieu. Ainsi, que vos illusions ne continuent plus de vous jouer le sale tour qui vous confine niaisement dans son assujettissement ! Il ne sera demandé à personne son niveau d'instruction de la Bible. Chacun rendra compte de sa résilience personnelle face aux tentations de Satan. L'enjeu est d'ordre cognitif. Mais sachez que vous n'êtes pas auteurs de vos pensées.

Quand Satan dictait à Jésus le contenu de *Psaumes 91.11 à 12* pour le déstabiliser (comparez avec *Mt. 4. 6.*), il avait fallu que Jésus démontrât qu'il maîtrise mieux la science de son Père que lui, Satan. Jugez vous-mêmes de la qualité de cette maîtrise. Observez la grande subtilité que présente une situation où quelqu'un qui a faim et qui a la puissance de transformer des pierres en pain pour s'alimenter allègrement, et qui reçoit une pensée à cet effet, s'en va quand même détecter la griffe de Satan sur cette pensée. Quelle finesse ! C'est une telle aptitude, c'est une telle élévation d'esprit que confère la science de la pensée à tous ceux qui s'y résoudraient. Comme Jésus, nous sommes tenus de démontrer à chacune des tentatives de Satan de nous déstabiliser, que nous maîtrisons la science de Dieu beaucoup mieux que lui *Mt. 5. 20.* Au total, quiconque ne sait discerner les pensées pour repérer leurs sources, quiconque ne sait déraciner la mauvaise pensée après l'avoir formellement identifiée, quiconque ne sait cultiver la bonne pensée, n'est pas digne de déclarer qu'il connaît Dieu.

Jésus est appelé Maître, non pas pour avoir fréquenté une institution d'hommes où il se serait fait décerner un parchemin dans une science dogmatique et hérésiarque du monde. Il est ainsi appelé parce qu'il avait une maîtrise parfaite de la science de la pensée, s'il n'était pas lui-même cette science-là. Il en était alors capable de discerner toutes pensées ; capable de rejeter la mauvaise ; et capable de retenir la bonne pour être mise en œuvre. Tel est le triptyque formant le challenge dont le téléchargement s'impose à toi qui viens assumer l'intérim de Dieu ici-bas, plutôt que d'être venu le chercher. L'engouement pour, et le succès de ce téléchargement restent les seuls évaluateurs de l'existence ou non de l'espèce chrétienne sur la terre. Sauf cela, il n'y a pas un seul enfant de Dieu dans le monde, encore moins un serviteur de celui-ci. La Bible dans les mains des hommes, est par conséquent, aussi illusoire que vouloir saisir un objet placé derrière une glace. Et même si, après avoir lu tout ce livre, l'homme ne sortait pas du milieu du monde (religions endogènes dites galamment connaissances ancestrales et religions importées confondues), il ne s'instruira pas davantage de ce cartulaire plus précieux que tout l'or du monde *Es. 52. 11 à 12 ; 2 Co. 6. 17 à 18.*

MAINTENANT, TU CONNAIS TOUT

Maintenant, tu connais que la Bible n'est pas un livre religieux, les traits distinctifs de la doctrine qu'elle porte et ceux de la religion étant comme l'envers et l'endroit d'une même pièce.

Maintenant, tu connais qu'il existe une science dite de la pensée et que la Bible est l'unique livre au monde qui l'expose exhaustivement, la science qui détermine toute vie, mais curieusement méconnue de tous.

Maintenant, tu connais que l'usage fait de la Bible est un usage fardé, dès lors que parler de l'intérieur de ce livre et dire des choses qui s'écartent de la science de la pensée est autant mortifère pour qui parle que pour qui écoute.

Maintenant, tu connais que la Bible, loin d'être un livre sacré, est réservée pour le plus large domaine public, l'usage de la pensée étant universel.

Maintenant, tu connais que la Bible ne soutient la comparaison d'avec aucun autre livre dans le monde à cause de la thématique qu'elle porte, laquelle est unique.

Maintenant, tu connais que personne avant toi n'avait subodoré la Bible d'être porteuse d'une science dite de la pensée. Par conséquent, il n'existe personne de qui tu peux acquérir de la connaissance dans cette science-là.

Maintenant, tu connais que le discernement des pensées est ton seul motif de recherche lorsque tu prétends étudier la Bible.

Maintenant tu connais que tu portes en toi un esprit à l'état de germe et que son développement reste l'unique condition pour toi d'appréhender la science de la pensée. Il n'y a point d'alternatives à cela.

Maintenant, tu connais que personne sur la terre n'est outillé pour enseigner, ni autorisé à enseigner la Bible, et cela, pour deux motifs : l'ignorance de la science qu'elle porte, puis l'ignorance collective au sujet de la posture de l'esprit qui habite l'homme et dont dépend l'acquisition de la connaissance.

Maintenant, tu connais ne devoir suivre personne dans ses voies, qui qu'il prétende être. Le libre arbitre, ce potentiel accordé à chacun, fait de toi un être unique.

Maintenant, tu connais les deux sources probables de la pensée, et comment tu étais conduit pendant que tu ignorais encore les origines de la pensée.

Maintenant, tu connais que tes pensées représentent tes seuls cornacs, pourvu que tu les tiennes de Dieu, connaissant l'alchimie de n'en recevoir que de Lui.

Maintenant, tu connais que tu n'es pas né pour chercher Dieu, mais pour assumer son intérim ici-bas, grâce à la maîtrise de la science de la pensée.

Maintenant, tu connais devoir t'obliger à résister à l'exécution des ordres de Satan, dès lors que tu es outillé pour discerner toutes pensées et pour rejeter celles qui portent ses empreintes.

Maintenant, tu connais ne jamais pouvoir recevoir des pensées de Dieu tant que tu seras incapable de rejeter celles portant l'estampille de Satan, puisque Dieu dit être jaloux.

Maintenant, tu connais ne jamais pouvoir être véritablement heureux tant que ta carafe sera le siège de pensées instiguées par Satan.

Si tu connais tout ça, tu soldes forcément ta dette de connaissance relativement à *Osée 4. 6.*

Si tu connais tout ça, alors tu es maître de la pensée au même titre que Jésus. Et comme lui, tu deviendras maître de ta raison, de ta conscience et donc de ta vie, sans jamais prétendre être maître de quelqu'un. Vis-à-vis de tes semblables, tu as juste besoin d'être un modèle, un exemple et cela suffit *1 Co. 11. 1.*

Mais attention ! Trois appâts dissimulent soigneusement les hameçons de Satan, destinés à t'harponner en vue de te tenir loin de l'économie de la science de la pensée. Il s'agit de l'honneur, du sexe et de l'argent dont la luxure a pour finalité de réfréner le développement de l'esprit germe qui est en toi.

Approprie-toi tout ceci à la lumière de ta Bible, loin de tout interventionnisme.

SOMMAIRE

Printed by Books on Demand GmbH, Norderstedt / Germany